Buceando en el pasado

Los grandes naufragios de la historia

Carlos León Amores

Buceando en el pasado

Los grandes naufragios de la historia

Prólogo de Carlota Pérez-Reverte Mañas
Epílogo de Ignacio Quintana Pedrós

Alianza editorial
El libro de bolsillo

Primera edición: octubre de 2025

Diseño de colección: Estrada Design
Diseño de cubierta: Manuel Estrada
Fotografía de cubierta: Javier Ayuso

PAPEL DE FIBRA
CERTIFICADA

© Carlos León Amores, 2008, 2025
© del prólogo: Carlota Pérez-Reverte Mañas, 2025
© Alianza Editorial, S. A., Madrid, 2025
    Calle Valentín Beato, 21
    28037 Madrid
    www.alianzaeditorial.es

ISBN: 979-13-7009-064-7
Depósito legal: M-12915-2025
Printed in Spain

Índice

Índice

Prólogo
La huella indeleble del mar
por Carlota Pérez Reverte Mañas[*]

Dice Carlos León que los naufragios tienen dos grandes enemigos: el tiempo y el expolio. El libro que tiene entre manos, estimado lector, combate eficazmente ambos. El tiempo, porque es raro, extremadamente raro, que una publicación dedicada a naufragios envejezca tan extraordinariamente bien o, mejor dicho, que no envejezca en absoluto. El expolio, porque si bien solo las autoridades competentes pueden poner coto y restricciones a los grandes cazatesoros, es un hecho demostrado que el conocimiento y la educación son las mejores herramientas para convertir a la sociedad en guardiana y protectora de su propio pasado. Como decía Jaques Cousteau, solo lo que se conoce se ama y se protege.

Este libro combina de forma magistral el rigor histórico y la investigación arqueológica con una narrativa envolvente ofreciendo un viaje a través de la Historia de nuestra relación con el mar. Lo hace mediante una selección de los naufragios

* Carlota Pérez Reverte Mañas es licenciada en Historia, y doctora en Arqueología Marítima por la Universidad de Cádiz.

más relevantes desde la Edad del Bronce hasta el siglo XVIII, convirtiendo cada capítulo en una ventana al pasado.

Porque no estamos, en estas páginas, ante un simple catálogo de barcos hundidos. No es esta una guía técnica, ni una relación académica de hallazgos subacuáticos. Es, en realidad, un recorrido narrado con aliento casi novelístico, donde cada naufragio se convierte en el centro de un pequeño universo. En cada historia hay un hilo que nos lleva hasta quienes navegaron antes que nosotros, hasta quienes vivieron —y murieron— a bordo de estas embarcaciones y hasta quienes se esforzaron por recuperar sus historias olvidadas. Y el autor, a través de su mirada sugerente, nos enseña a escuchar ese eco. Con una prosa clara y cercana, consigue algo poco habitual: hacer comprensibles los complejos procesos de construcción naval, desentrañar los métodos y hallazgos de las excavaciones arqueológicas, y revelar el propósito y la vida funcional de cada embarcación, así como las circunstancias —a menudo dramáticas— de su naufragio. Nos guía también por la evolución de los yacimientos, desde el momento de la pérdida hasta su hallazgo, ya sea fruto del azar o del esfuerzo persistente de años de investigación. Cada embarcación, cada fragmento recuperado, cobra sentido en este relato que hilvana lo técnico y lo humano, la ciencia y la memoria, construyendo una visión coherente del naufragio, su contexto y su legado.

Para lograrlo, entrelaza múltiples fuentes de conocimiento: documentos históricos, registros literarios, investigaciones arqueológicas, hallazgos subacuáticos e información procedente de archivos diversos. Todo ello se articula con naturalidad, mostrando al lector una visión compleja y completa de estos episodios de nuestra historia sumergida.

Los ojos de Carlos León, experimentado arqueólogo e investigador, están llenos de mar y de historias. Su mirada no es neutral, y eso es parte de su fuerza. Hay una sensibilidad ética que atraviesa toda la obra. El autor no se limita a describir y analizar: se posiciona. Señala las amenazas que enfrentan estos vestigios —el expolio, la indiferencia, la especulación— y defiende, con argumentos y convicción, la necesidad de protegerlos como lo que son: bienes comunes, fragmentos de una herencia compartida.

Aunque tendemos a percibir el mar como una frontera, ha sido un nexo de comunicación entre sociedades y culturas a lo largo de la Historia; espacio de encuentro y convivencia, de intercambio de ideas, objetos, saberes, costumbres y personas. Más aún: ha sido motor de desarrollo, instrumento de diversidad, escenario crucial en la geopolítica y, durante siglos, el principal ámbito de innovación tecnológica hasta la era espacial.

El mar deja una huella indeleble en las sociedades que se asientan en sus orillas, moldeando modos de vida y dando lugar a culturas propias. De ellas surge un patrimonio diverso, material e inmaterial, forjado tanto por grandes hechos históricos como por la cotidianeidad de quienes habitan estos espacios. Un patrimonio que es soporte y testigo de nuestra memoria. Como seres humanos no podemos comprendernos sin mirar al mar. Y los barcos son el epicentro a partir del que se articula gran parte de ese universo marítimo. Son testigos privilegiados de estas redes de conexión, de las relaciones humanas y de los saberes técnicos del momento. En ellos convergen lo funcional y lo simbólico, lo individual y lo colectivo, lo material y lo intangible, lo local y lo global. Su estudio nos permite rastrear trayectorias históricas, modos de vida, estructuras sociales, tensiones geopolíticas, los avances en la construcción naval, las rutas de intercambio, las jerarquías a bordo y las prácticas cotidianas de quienes los habitaban. Cada embarcación encierra, en su forma y en sus restos, una síntesis del tiempo al que pertenece. Es, a la vez, reflejo de su época y de quienes la diseñaron, construyeron y tripularon. Mucho más que un medio de transporte o un objeto técnico, es un símbolo cultural y un microcosmos social. Por eso estudiarlas, comprenderlas y contextualizarlas es imprescindible para aproximarnos a la Historia y a quienes nos precedieron.

Carlos León Amores no solo ha escrito un libro sobre naufragios. A través de esta cuidada selección, nos ofrece —y eso es mucho más difícil— un libro sobre nuestra memoria sumergida. Y lo hace con la rara habilidad de quien conoce a fondo su oficio, pero también ama profundamente su objeto de estudio. Esa conjunción entre rigor y pasión es lo que hace de *Buceando en el pasado* una obra singular y necesaria.

Cuando leí este libro por primera vez, aún era estudiante. Recuerdo con claridad la sensación que me invadió al sumergirme en sus páginas: fue como si, de pronto, tomase forma ese viejo anhelo que muchos llevamos dentro —explorar los abismos del pasado sin perder de vista la humanidad que los habita. Descubrir, sí, pero no para poseer ni para acumular, sino para comprender. Como muchos estudiantes de arqueología, también soñé con aventuras y hallazgos memorables. Pero este libro me mostró que el verdadero tesoro no tiene precio porque no es material, son las historias que esperan ser desenterradas y compartidas. Son las voces y los rostros perdidos, olvidados, invisibles, que esperan, pacientes, a ser recordados. Me hizo ver que cada fragmento recuperado, por pequeño que sea, tiene un inmenso valor, y que solo cobra sentido cuando se integra en un relato más amplio, cuando nos habla de las personas que nos precedieron y del tiempo y el espacio que transitaron. Este libro transformó ese sueño juvenil, difuso y entusiasta, en una vocación asentada. Me enseñó que la verdadera aventura es reconstruir el pasado, que el conocimiento es un premio mayor que cualquier hallazgo, y que la arqueología no es solo técnica, sino también mirada, respeto y propósito. Responsabilidad.

Hoy, como arqueóloga profesional puedo decir que me honra escribir estas líneas. Porque esta obra no es solo el testimonio de un investigador experimentado y un comunicador brillante, sino también una puerta de entrada a una forma de mirar el mundo. Una forma en la que el mar no es solo un paisaje, ni una frontera, ni un recurso, sino un inmenso archivo vivo donde convergen historias, culturas y destinos. Carlos León Amores nos propone un viaje para descubrir que bajo el agua no solo hay restos materiales: hay memoria, hay belleza, hay interrogantes, historias aún por contar.

En las páginas de este libro no solo aprendemos sobre barcos hundidos, sino sobre nosotros mismos: sobre cómo miramos el pasado, cómo lo recuperamos y cómo decidimos preservarlo para las generaciones futuras.

Así pues, estimado lector, te invito a sumergirte en estas páginas con la misma actitud con la que se desciende al fondo del mar: con curiosidad, con respeto y con los ojos bien abiertos. Lo que vas a encontrar no son solo naufragios, datos, o anécdotas. Vas a encontrar historias. Vas a encontrar humanidad. Y si permites que estas aguas narradas te envuelvan, puede que, al salir a la superficie, veas el mar —y el pasado— con otros ojos.

Carlota Pérez-Reverte Mañas

Buceando en el pasado

A la memoria de
Eleuterio León Vargues

Elías Stadiatis subió a la superficie con la cara pálida y el gesto tembloroso. Con la ayuda de sus compañeros se quitó la vieja escafandra de cobre. El pescador de esponjas trataba de describir lo que había visto bajo el agua, a más de cincuenta metros de profundidad, pero las palabras no le salían de la boca. Por fin consiguió calmarse. Se sentó en la borda del pequeño pesquero capitaneado por el griego Dimitris Kondos y dijo: «mujeres, un montón de mujeres desnudas... muertas, podridas, sifilíticas... cadáveres verdes». Kondos se puso la escafandra de Elías y bajó los cincuenta metros para descifrar el enigma y quitarle el miedo a los demás buceadores. A los cinco minutos subió a la superficie con un brazo de bronce atado al cinturón de plomos. Elías había descubierto los restos de un barco romano cargado con estatuas de bronce, uno de los hallazgos más interesantes de la recién nacida arqueología subacuática. Era un día de otoño del año 1900.

Prefacio
Una nueva edición
actualizada y ampliada

Afronto esta segunda edición de *Buceando en el Pasado. Los grandes naufragios de la historia*, con la misma ilusión con la que me enfrenté a la primera, hace ahora dieciséis años, con la diferencia de que ha pasado más de una década y, en este tiempo, se han dado algunos cambios sustanciales en esta disciplina de la arqueología. Uno de ellos, y el que quizá más ha cambiado la percepción del patrimonio cultural subacuático por parte de la sociedad en general, ha sido el expolio de los restos de la fragata *Mercedes* por parte de la empresa de buscadores de tesoros Odissey Marine Exploration. Resulta paradójico que un desastre para el patrimonio cultural subacuático de tal envergadura haya generado una reacción tan aplastante contra el expolio. Justo por ello, he añadido un apartado más al libro, para mostrar la historia de este naufragio, su destrucción, su exportación ilícita y la batalla legal llevada a cabo para recuperar los objetos extraídos de esta fragata española hundida en 1804.

También he añadido datos esenciales para completar la historia de la excavación, protección y extracción del barco II de Mazarrón, del siglo VII a. C., uno de los barcos más antiguos hallados en el Mediterráneo, que actualmente se encuentra en fase de restauración en ARQUAtec, el laboratorio de conservación y restauración del Museo de Arqueología Marítima del Ministerio de Cultura de España en Cartagena (ARQUA).

Además, he actualizado algunos datos de los navíos *Guadalupe* y *Tolosa*, hundidos en aguas de Samaná en 1724. Los trabajos de investigación realizados en los años 1994 y 1995, me han permitido redactar mi tesis doctoral, dirigida por el catedrático de arqueología Juan Blánquez, y defenderla en la Universidad Autónoma de Madrid en el año 2018.

En estos dieciséis años que han pasado entre la primera edición de *Buceando en el pasado* y esta seguneda, con Alianza Editorial, he tenido la oportunidad de participar también en algunos proyectos relacionados con el mar y los océanos que han dejado una gran impronta en mi vida profesional, dividida siempre entre la arqueología subacuática y la museografía.

El primero de ellos fue mi participación en los contenidos y los recursos expositivos del Pabellón de España en la Exposición Internacional Yeosu 2010 (Corea del Sur). Un magnífico pabellón diseñado por Juan Pablo Rodríguez Frade para Acción Cultural Española, dedicado a la Expedición Malaspina, en el que pusimos todo el empeño para difundir y divulgar la historia marítima de España, desde el siglo XV a la actualidad.

El segundo proyecto fue el trabajo realizado en 2014, en calidad de director técnico y creativo, junto a las comisarias Carmen Marcos y Susana García Ramírez y al arquitecto y museógrafo Carlos Barrot, en la exposición itinerante «El último Viaje de la fragata *Mercedes*. Un tesoro Cultural recuperado», que tuvo como sedes el Museo Arqueológico Nacional, el Museo Naval, el Museo Arqueológico de Alicante, el Archivo General de Indias de Sevilla y el Museo Nacional de Historia y Antropología de México. Fue un verdadero proyecto de Estado en el que el Ministerio de Cultura, el Ministerio de Asuntos Exteriores, el Ministerio de Defensa y Acción Cultural Española, defendieron juntos el Patrimonio Cultural Subacuático relacionado con la fragata *Mercedes*. Una experiencia realmente irrepetible.

Un tercer proyecto en el que participé desde su inicio, en 2014, fue la creación del Museo de las Atarazanas Reales de Santo Domingo, patrocinado por el Banco Interamericano de Desarrollo y el Ministerio de Turismo de la República Dominicana, quienes me encargaron la selección de los mil quinientos bienes culturales, la redacción del hilo argumental y la participación en el diseño y ejecución de la exposición permanente de este museo dedicada a los naufragios en las costas dominicanas. Fue un trabajo largo y complejo en el que colaboraron numerosas instituciones y personas del Ministerio de Turismo y el de Cultura de la República Dominicana, coordinadas por la arquitecta Maribel Villalona y su equipo técnico. Su inauguración, en 2018, marcó el camino y preparó el escenario perfecto para la ratificación de la Convención de la UNESCO sobre Patrimonio Cultural Subacuático por parte de este país en enero de 2021.

Y no quisiera terminar el repaso de estos últimos años dedicados a la historia marítima y la arqueología subacuática sin mencionar un cuarto proyecto expositivo, también relacionado con el patrimonio marítimo, del que fui co-

comisario, junto a Roberto Junco y Flor Trejo: «La Flota de Nueva España y la búsqueda del Galeón *Nuestra Señora del Juncal*». Esta exposición tuvo como sedes el Archivo General de Indias de Sevilla y el Museo de América de Madrid, en los años 2021 y 2022, respectivamente. Diseñada por el arquitecto Jorge Ruíz Ampuero, esta exposición temporal generó una magnífica publicación colectiva, con dos ediciones, una publicada en España en 2021 con el mismo título que la exposición, y otra en México, que vio la luz en 2024, bajo el título *Memorias de un naufragio: La historia del galeón «Nuestra Señora del Juncal»*.

Dicho esto, me corresponde ahora dar las gracias a las personas que, de una forma u otra, han sido claves en mi vida profesional como arqueólogo subacuático y como especialista en exposiciones relacionadas con la temática marítima.

Al profesor Juan Blánquez, catedrático de Arqueología de la Universidad Autónoma de Madrid y pionero en la arqueología submarina española; a la arqueóloga submarina Belén Martínez, con quien colaboré en mi primera prospección arqueológica en las costas de Ibiza; a los profesores de la Universidad Autónoma de Madrid, José Sánchez Meseguer, Lourdes Roldán y Sergio Martínez, así como a Paloma Cabrera, directora del Museo Nacional de Arqueología Marítima en los años en los que yo estuve allí. Vaya también mi agradecimiento a los responsables de la arqueología submarina dominicana, a quienes me unen muchas horas de navegación, y a los miembros del «Proyecto Galeones de Azogue», Cruz Apestegui, Manu Izaguirre, Pedro Borrell, Alejandro Selmi y Francis Zenén Soto, recientemente fallecido.

Y gracias también a Elisa de Cabo y a María Agúndez, por su apoyo constante desde el Ministerio de Cultura de España.

Finalmente, gracias de corazón a Ignacio Quintana, que propuso este libro en su primera edición; al editor Raúl Quintana, quien ha repasado las páginas de esta nueva edición, como lo hizo en la primera; a Carlota Pérez Reverte, amiga y colega de profesión, por redactar el prólogo, y a Magda Lasheras, directora de El libro de bolsillo de Alianza Editorial, por apostar por esta segunda edición.

1. El hombre y el mar

El hombre en sus orígenes
fue un animal litoral.

R. MARGALEF

La historia sumergida

Dos terceras partes de la superficie terrestre están cubiertas
por el mar y la parte restante cuenta con numerosos ríos y
lagos que el hombre, desde tiempos remotos, ha tratado de
explorar y explotar para avanzar en su conquista del terri-
torio. Casi todas estas barreras fueron atravesadas ya en la
más temprana Antigüedad. Mucho antes de que el hombre
fuera capaz de cultivar la tierra o domesticar algunas especies
animales, ya había poblado tierras lejanas, atravesando ríos
y mares por medio de canoas monóxilas y balsas de troncos.
Las huellas de este trasiego ultramarino han quedado fosi-
lizadas en forma de objetos pertenecientes a culturas muy
conocidas, aparecidos a miles de kilómetros de su lugar de
origen. El peligro que entrañaba la navegación nunca detuvo
al hombre en su afán por transportar sus mercancías y sus
ideas de un lado para otro, sin embargo, muchos intentos de

llegar por mar a tierras lejanas fracasaron y acabaron en un dramático naufragio. La arqueología ha descubierto barcos hundidos pertenecientes a todas las épocas de la historia repartidos por los lugares más increíbles del planeta.

Desde el punto de vista arqueológico, reconstruir la historia de la navegación nos presenta a los investigadores dos problemas fundamentales. Por un lado, solo podemos reconstruir la historia de los fracasos de la navegación, de los barcos que se hundieron, de los que no llegaron a su destino, y, por ello, solo podemos rehacer una historia incompleta, una historia accidental, una historia llena de lagunas y de saltos en el tiempo y en el espacio. Por otro lado, nos enfrentamos a un problema de conservación que está en la esencia misma de las embarcaciones. Desde las primeras canoas prehistóricas hasta los más sofisticados navíos de línea del siglo XVIII, los barcos históricos siempre se han construido con materiales perecederos como la madera, el junco o el cuero, materiales que la propia naturaleza destruye sin dejar rastro arqueológico alguno y que solo en casos excepcionales, en los que la falta de oxígeno o la temperatura del agua es extremadamente baja, se han conservado en buen estado, y, aun en estos casos, nunca han aparecido las naves completas.

Ni siquiera los galeones de hace tres siglos mantienen su casco entero. Y es que la madera, como material orgánico que es, tiene un proceso de destrucción muy rápido. La conservación de las maderas constituye uno de los principales retos de la arqueología submarina actual. Al sumergirse, este material orgánico se satura de líquido y, a lo largo de los años, parte de sus elementos fundamentales, como las celulosas y las hemicelulosas, se disuelven y se mineralizan, creando una situación de grave deterioro. Este debilitamiento de la estructura de la madera facilita, a su vez, su degradación por agentes mecánicos naturales y por la acción de algunos seres vivos que llegan a hacer desaparecer por completo el casco de los barcos.

La reconstrucción de la historia de la navegación y de los barcos necesita, por tanto, del aporte de otras fuentes como la iconografía, los textos escritos o el estudio de las embarcaciones que fabrican los carpinteros de ribera actuales para completar su conocimiento y llegar a conclusiones rigurosas.

Gracias a la iconografía pueden conocerse partes de las embarcaciones que bajo el agua jamás se conservan como es el caso del aparejo, la arboladura o la jarcia. Además, la iconografía aporta gran cantidad de datos para estudiar las formas de los cascos, la decoración, los habitáculos y los sistemas de gobierno. Sin embargo, hay que tener siempre presente que los autores de las pinturas, los relieves o los mosaicos antiguos no solían ser marinos y cuando lo eran, como ocurre a menudo en el caso de los grafitos, no demuestran ser buenos dibujantes. Los artistas de los grandes mosaicos y relieves romanos con imágenes magníficas de barcos y puertos, que podrían ayudarnos a comprender la forma y función de las velas y los cabos de las naves clásicas, se limitaban a copiar los modelos, lo que provocaba grandes deformaciones, fantasías o ausencias que se transmitían de unos talleres a otros. Además, aunque un artista tuviera delante el barco que iba a representar, sería mucho pedir que comprendiera el uso de todos los cabos, motones y tensores que intervienen en la arboladura de una nave. La tendencia más natural, como se comprueba al estudiar la iconografía naval antigua, es la de simplificar y esquematizar, generando, a veces, barcos imposibles con velas inventadas.

La segunda fuente de información son los textos escritos. Una fuente escasa e imprecisa para la época antigua y medieval, pero inagotable cuando se trata de los siglos XVI en adelante. Aquellos momentos de la historia quedaron fielmente registrados gracias a la potentísima burocracia que generaban los viajes marítimos (registro de mercancías y bastimentos, listados de pasajeros, autos judiciales, relatos de guerra...).

Por último, también aporta datos muy interesantes el estudio de las embarcaciones que hoy construyen los pueblos primitivos actuales o los carpinteros de ribera, que fabrican barcos de pesca y recreo utilizando la madera como materia prima. Las herramientas, las técnicas para cortar, curvar o calafatear las maderas no han cambiado mucho desde la Antigüedad hasta nuestros días. En un astillero actual podemos ver azuelas, escoplos, barrenas, sierras y hierros de calafatear exactamente iguales a las herramientas representadas en cuadros y grabados antiguos o a las encontradas en algunos hundimientos históricos. Estas fuentes, unidas a los datos arqueológicos, permiten completar el puzle deshecho por el paso del tiempo y estudiar la navegación y los barcos antiguos desde diferentes puntos de vista: desde la óptica de la ingeniería, analizando el diseño de las naves y su forma de construcción; desde el punto de vista del comercio, estudiando las rutas y los productos que justificaron cada navegación, y desde la óptica social, entendiendo un barco como una comunidad cerrada, con sus creencias, sus costumbres, sus jerarquías y su cultura material propia.

Historia del buceo

Para poder estudiar un yacimiento arqueológico submarino, el investigador depende, fundamentalmente, de un equipo especial para sumergirse. Un equipo con el que traspasar la cota cero y respirar bajo el agua. El sueño de muchos inventores que a lo largo de la historia han tratado de explorar las formas de sumergirse en este medio hostil para el hombre el mayor tiempo posible. En la *Ilíada* y la *Odisea,* Homero ya nos informa de los primeros intentos por bucear para destruir las embarcaciones enemigas a base de clavarles lanzas bajo el agua. En los relieves asirios del palacio del rey Assurnasirpal, del siglo IX a. C., también aparecen buceadores, utilizando pieles de animales como recipientes para almacenar aire.

En la época romana eran famosos los *urinatores,* buceadores que operaban en los grandes puertos del Mediterráneo recuperando cargamentos a más de veinte metros de profundidad con la única ayuda de una piedra de lastre para bajar más rápido hasta el fondo.

Sin embargo, el verdadero reto para el ingenio humano fue siempre el de inventar algún artilugio que permitiera al hombre poder sumergirse a gran profundidad durante un tiempo mayor del permitido por la apnea. Primero, se alargaron los tubos flexibles para respirar aire de superficie. Una práctica peligrosa pues el aire inspirado y el expirado se mezclaban a lo largo del tubo volviéndose, en ocasiones, asfixiantes. Después, se ingeniaron sofisticadas bombas que llevaban aire de superficie hasta la profundidad a la que estaba el buceador mientras este expiraba directamente al agua.

En los siglos XV y XVI los buceadores eran capaces de permanecer bajo el agua el tiempo que duraba el aire contenido en una gran campana, primero de madera y después de bronce. El perfeccionamiento de este sistema durante los siglos XVI y XVII permitió recuperar numerosos cargamentos de barcos hundidos. La campana de Edmund Halley, la más evolucionada de su época, diseñada al final del siglo XVII, incorporaba un suministro continuo de aire que permitía al buceador permanecer bajo el agua más de una hora a unos veinte metros de profundidad.

Otro invento que revolucionó la historia del buceo fue el sumergible de John Lethbridge, creado en 1715. Se trataba de un barril de madera con aire que podía bajar a veinte metros de profundidad dejando libres los brazos del buceador.

La creación de los primeros ingenios alimentados con bomba de aire desde superficie será el antecedente del equipo de buceo clásico o escafandra asistida, ideado a principios del siglo XIX. Ataviados con trajes de lona, calzados con botas de plomo y embutidos en sus escafandras de bronce, los buzos clásicos han sido los protagonistas de las mayores aventuras submarinas de los dos últimos siglos. Con estos equipos se inició realmente la conquista de las profundidades y se descubrieron también los riesgos de la descompresión. Para evitar los accidentes, los antiguos buzos, ascendían lentamente, sin saber entonces cuáles eran las razones de la parálisis que a veces afectaba a los buceadores. Otra enfermedad de las profundidades se descubría también a medida que la frontera submarina se situaba cada vez a más metros de la superficie. Era la llamada narcosis, entonces conocida como «borrachera de las profundidades».

A mediados del siglo XX termina la era del buzo clásico. Entonces, se empiezan a generalizar los primeros recipientes para contener aire comprimido bajo el agua. El problema de regulación del suministro de aire bajo el mar quedó definitivamente solucionado en la famosa escafandra autónoma diseñada por Emile Gagnan y Jacques Yves Cousteau en 1943. Este invento fue, en realidad, la consecuencia lógica de una serie de avances tecnológicos que se habían operado a principios de siglo destinados a liberar al buceador de su conexión y su dependencia del aire de superficie. Primero fueron los equipos de circuito cerrado con oxígeno y después los de circuito semicerrado y abierto. La escafandra autónoma de Cousteau y Gagnan fue un verdadero éxito, de hecho, el buceo no ha cambiado demasiado desde entonces. Su facilidad de manejo, unida a los avances científicos y médicos con respecto a la descompresión y los riesgos de la inmersión, han convertido a este invento en el medio más eficaz y seguro para descubrir el fondo del mar.

Este equipo de circuito abierto está compuesto básicamente por un recipiente para el aire comprimido o la mezcla de gases, y un regulador que lleva el aire desde la botella hasta la boca del buceador y lo ajusta a la presión externa.

Las botellas se fabrican actualmente con acero, aplicando un tratamiento de cinc en el exterior para evitar la corrosión. En su interior se almacena el aire comprimido a una presión aproximada de unas doscientas atmósferas. El paso del aire de la botella al regulador se hace mediante una grifería provista de un mecanismo de cierre y apertura muy sencillo. El gasto del aire almacenado en la botella depende mucho de las condiciones del buceador y de la profundidad a la que se realice la inmersión. El otro elemento fundamental, el regulador, reduce la presión del aire de la botella a la presión ambiente. Esta compleja función se realiza en dos momentos distintos y con dos aparatos diferentes. La primera etapa o cámara de alta presión, la parte del regulador que va ajustada a la grifería de la botella, reduce la presión de las doscientas atmósferas a las que se ha cargado, hasta una presión que oscila entre las siete y las diez atmósferas. La segunda etapa o cámara de baja presión, donde está también la boquilla por la que el buceador demanda y expulsa el aire, regula de nuevo la presión hasta igualarla con el exterior.

Junto a la escafandra autónoma, también han evolucionado los demás accesorios del buceador, como son los trajes de neopreno, los equipos estancos, los chalecos hidrostáticos, las máscaras, las aletas, las cámaras fotográficas o las linternas. Además, gracias a los ordenadores de buceo la planificación de la inmersión es hoy más sencilla y la seguridad mucho mayor. Actualmente, el buceador sabe en todo momento y con gran precisión la profundidad a la que se encuentra con un error de diez centímetros, las paradas de descompresión que ha de realizar durante el ascenso, el aire que le queda en la botella y el rumbo que debe de seguir bajo el agua. Incluso puede trasladar los datos del pequeño computador de buceo a cualquier tipo de ordenador para guardar la información y representar gráficamente las inmersiones y el consumo de aire registrado.

Sin embargo, el problema no está del todo resuelto. A pesar de la vertiginosa evolución de la tecnología de buceo, el hombre sigue sin ser un animal anfibio. El cuerpo humano nota importantes cambios al penetrar en el fondo submarino y sigue sufriendo en cada inmersión los efectos de la presión bajo el agua. Nuestros ojos ven cómo la luz disminuye a medida que aumenta la profundidad. A pocos metros, debido al efecto de absorción, los colores se pierden. La vista del buceador solo distingue tonalidades más o menos intensas del color azul. El rojo es absorbido a los diez metros de profundidad, el naranja y el amarillo a los veinticinco metros, y a partir de los cuarenta metros todo se vuelve azul verdoso.

Además, el sistema circulatorio, el sistema respiratorio y algunas estructuras accesorias como los oídos o los senos paranasales sienten directamente los efectos de la presión. A diferencia del oxígeno, que se metaboliza, el nitrógeno del aire que respiramos se disuelve en el tejido corporal, manteniendo un equilibrio con la presión ambiental. Al ascender a superficie y disminuir la presión ambiente, el nitrógeno pasa de los tejidos a la sangre, de esta a los pulmones y de ahí al exterior. Este segundo proceso es lento. El nitrógeno debe eliminarse durante el ascenso siguiendo el ritmo que marca el tiempo que se ha estado en el fondo y la profundidad de la inmersión. Esta es la única forma de evitar que se formen burbujas de nitrógeno en los tejidos o en la sangre que podrían causar serias lesiones disbáricas. Para eliminar el nitrógeno acumulado es necesario realizar el ascenso siguiendo los tiempos marcados por las llamadas «tablas de descompresión», elaboradas con un margen de seguridad por la Marina de los Estados Unidos y La Marina Real Inglesa e incorporadas al software de las actuales computadoras de buceo. Las tablas de descompresión facilitan una lectura de los dos factores principales que influyen en el cuerpo humano durante la inmersión: el tiempo permanecido bajo el agua y la profundidad.

Sirvan estas primeras páginas para introducirnos en la complejidad de la arqueología submarina, en los problemas y los retos de una actividad que hay que practicar con un exhaustivo conocimiento de las leyes del buceo y una perfecta armonía entre la metodología de la investigación y el medio submarino. En los capítulos que siguen trataremos de hacer un recorrido por los naufragios más importantes estudiados por la arqueología submarina, intentando reconstruir con ellos la historia de la navegación y de la construcción naval antigua, describiendo los métodos y técnicas que el arqueólogo emplea bajo el agua para localizarlos, estudiarlos y protegerlos contra sus dos mayores enemigos: el tiempo y el expolio.

2. Las naves de la Edad del Bronce

El cabo Kelidonia

La Edad del Bronce comienza aproximadamente en el 1800 a. C. Es entonces cuando nacen las principales civilizaciones del Egeo, con el esplendor de la civilización cretense y, más tarde, en la Grecia continental, Micenas. Culturas marineras que supieron aprovechar la experiencia naval de los egipcios, comerciando por todo el Mediterráneo con naves mucho más evolucionadas que los mercantes fluviales de sus antecesores. El hombre que descubriera la aleación del cobre y el estaño, probablemente en la isla de Creta, convirtió a este olvidado pueblo pescador en una cultura comercial sin precedentes. El Mediterráneo entero cambió de dueños gracias a este hallazgo tecnológico y las hazañas marineras de los pueblos litorales de la Edad del Bronce. Hazañas que no siempre tuvieron un final feliz, como el caso del barco hallado en el cabo Kelidonia. El barco más antiguo recuperado bajo el mar.

En el año 1200 a. C. aproximadamente, una pequeña embarcación de origen sirio, de no más de diez metros de eslora, navegaba cargada con una tonelada de lingotes de cobre chipriota por el sur de Turquía en dirección al Egeo. Atravesaba un cabo extremadamente peligroso, en medio de una tormenta de la que trataban de resguardarse fondeando en un lugar seguro, cuando, al pasar entre dos pequeñas islas rocosas cercanas al cabo Kelidonia, la nave chocó bruscamente y se hundió a más de treinta metros de profundidad. Su cargamento quedó totalmente esparcido por la pendiente del fondo marino y su tripulación murió, seguramente, antes de llegar a tierra.

Los lingotes que transportaba tenían forma de piel de buey, iguales a los que aparecen en algunos relieves y pinturas egipcias. Pesaban unos veinte kilos cada uno y habían sido embarcados cuidadosamente sobre una capa de matorrales a proa y a popa. Junto con los lingotes viajaban numerosos instrumentos de bronce muy desgastados o incluso rotos por completo, y almacenados en cestas de estera: azadas, hachas, cuchillos y puntas de lanza. La nave también llevaba moldes de fundición, un conjunto de pesas de balanza, un lingote de estaño, pulidores de piedra y algunas herramientas en buen estado para trabajar el metal. Probablemente, el mercader cananeo o sirio que fletó el barco compraba chatarra en distintas escalas para después, en el propio barco, fundirlas y convertirlas en instrumentos nuevos para vender en el Egeo. La tripulación llevaba a bordo sus propios objetos de uso diario: jarras para vino y agua, amuletos protectores en forma de escarabeos, una lucerna siria, una navaja de afeitar, una taba y un sello cilíndrico de recuerdo que tenía más de quinientos años de antigüedad cuando el barco se hundió. Durante tres mil años los restos desparramados del trágico hundimiento quedaron bajo el agua. Una gruesa capa de coral fue recubriendo el cargamento y la madera del casco hasta concrecionarlo por completo y mimetizarlo con el fondo submarino. Sin embargo, las formas extrañas que dibujaban aquellas concreciones llamaron la atención de un pescador de esponjas mientras rastreaba el fondo con su escafandra de buzo clásico. Kemal Aras y sus buceadores conocían palmo a palmo los fondos de Kelidonia y nunca habían visto formas tan extrañas en el mar.

El hallazgo interesó especialmente a un joven periodista y buceador norteamericano, conservador del Museo Marítimo de San Francisco, llamado Peter Throckmorton. En el verano de 1958, Throckmorton visitó Bodrum, en Turquía, uno de los principales centros de pesca de esponjas del mundo. La visita a aquel recóndito lugar del Mediterráneo no era casual. Su objetivo era contactar con los pescadores y buceadores de la zona para localizar lugares con posibles naufragios antiguos. Así, por casualidad, conoció a Kemal Aras, quien le enseñó más de un centenar de naufragios durante aquel caluroso verano. Cuando Throckmorton terminaba ya su período vacacional, con su cuaderno de notas repleto de datos sobre barcos hundidos, la mayoría de época romana, Kemal le habló de un lugar, demasiado lejano para su pequeña embarcación, en el que había encontrado unas formas muy extrañas y algunas piezas de bronce, entre ellas, una punta de lanza. Durante los meses posteriores, Throckmorton no dejó de pensar en aquel lugar y en la posibilidad de que se tratase de un barco de la Edad del Bronce, de la época de Ulises y de la ciudad de Troya.

El verano siguiente, Throckmorton consiguió un barco mayor para poder llegar al lugar descrito por Kemal, un lugar conocido como el cabo Kelidonia. Ese año el americano trajo todo un cargamento de equipos de buceo. Eran los equipos más sofisticados que podían adquirirse entonces: los recién estrenados trajes de goma y las botellas de aire comprimido para bucear sin necesidad de aire de superficie. Kemal no daba crédito, estaba deslumbrado con toda aquella tecnología. Eran los famosos equipos de escafandra autónoma diseñados unos años antes por el mismísimo Jacques Yves Cousteau y su amigo el ingeniero Emile Gagnan. Eran los equipos que habían revolucionado el buceo y la inmersión durante la segunda guerra mundial. Con ellos, los submarinistas americanos y los buzos clásicos turcos comenzaron a trabajar en equipo para localizar el lugar descrito por el capitán Kemal. Sin embargo, a pesar de tanta tecnología, los resultados fueron nefastos. Pasaron varios días buscando aquellas concreciones coralinas con extrañas formas geométricas sin encontrar rastro alguno. La historia contada por Kemal parecía un cuento de buceador exagerado hasta que por fin, en las últimas inmersiones, antes de abandonar definitivamente la búsqueda, los buceadores turcos hallaron dos piezas de bronce. En superficie las limpiaron cuidadosamente y descubrieron una magnífica reja de arado y un hacha de doble filo.

Excavando bajo el mar

Al año siguiente, el equipo se incrementó con la ayuda del experimentado buceador francés Federico Dumas, conservador del Instituto de Arqueología de Londres, de Joan du Plat Taylor y de un joven arqueólogo que haría allí, en Kelidonia, su primera inmersión en un naufragio: George Bass, quien años después se convertiría en el padre indiscutible de la arqueología submarina moderna. Throckmorton y Bass chocaron desde el principio. El primero pretendía sacar los objetos del agua con la máxima rapidez para tratar de clasificarlos fuera del agua. Bass, sin embargo, quería a toda costa adaptar los métodos de excavación arqueológica en tierra, que había puesto en práctica en la universidad, al fondo del mar, intentando registrar mediante fotografías y dibujos la posición exacta de todas las piezas bajo el agua. En la cabeza de Bass no estaba recuperar los objetos sin más, él quería entender el hundimiento, quería obtener la máxima información sobre cómo iba cargado el barco y cuál era el sistema de construcción de la nave.

Finalmente, entre todos los integrantes del equipo surgió un modelo de excavación subacuática que ha marcado la historia de la metodología científica en la arqueología submarina. Primero establecieron un sistema de ejes o de cuadrículas del yacimiento, como referencia espacial para ubicar los objetos y los restos de la embarcación que irían apareciendo. El objeto de este sistema de cuadrículas era, en última instancia, reconstruir en el laboratorio todo el yacimiento completo, por eso, además de registrar la posición de los objetos en el plano horizontal, Bass quería conocer con exactitud la profundidad en la que se hallaba cada pieza del cargamento, es decir, la cota o coordenada Z con respecto a un plano 0 situado por encima del yacimiento.

La operación de cuadriculado del área se realizó mediante referencias a la superficie del agua posicionadas desde tierra y también mediante posicionamiento directo bajo el agua. Bass utilizó brújulas submarinas, clinómetros, cintas métricas, jalones, niveles y profundímetros submarinos, para plantear bajo el agua la cuadrícula que iba a servir de referencia para toda la excavación. Pero el trabajo que resultó más costoso fue el de la extracción de los sedimentos. La tierra levantada era retirada por medio de una enorme manguera de succión que funciona a modo de aspiradora de sedimentos, depositándolos en una criba en la que se podían rastrear hasta los más mínimos objetos. Bajo el agua, la tierra se levantaba con la mano o con ayuda de un cuchillo, atendiendo, no solo a los objetos que iban apareciendo, sino también a los cambios de tonalidad de color y dureza de la tierra. Los restos arqueológicos de cada capa, una vez ubicados, dibujados y fotografiados bajo el agua, se guardaban juntos en recipientes adecuados, separados según su naturaleza y su material.

Los dibujos se realizaban a escala 1:20, con lápiz de grafito sobre papel poliéster apoyado en una tablilla de metacrilato, representando las plantas de los diferentes niveles con la posición de todos los objetos. El procedimiento que Bass seguía para dibujar bajo el agua era similar al empleado en cualquier excavación terrestre. Con una plomada iba marcando los puntos de referencia para el dibujo y por medio de una cinta métrica, una regla o una escuadra medía las distancias hasta la cuadrícula de referencia y la cota de profundidad.

La otra forma de documentar el yacimiento fue la fotografía. Bass ideó una estructura rígida que se acoplaba a la cuadrícula de excavación, a modo de torreta, que garantizaba la verticalidad de los disparos. Junto a los objetos que iba a fotografiar situaba una escala gráfica y una tablilla con la indicación del nivel, la fecha, la cuadrícula, y la orientación del norte magnético. Empleaba cámaras reflex de tierra con carcasa submarina y objetivos, filtros y flashes para conseguir mejores tomas.

El proceso de intervención arqueológica quedaba documentado también de forma escrita gracias al diario de excavación en el que describía con detalle los hallazgos y el contexto en que aparecían, el inventario de materiales que realizaba una vez que los objetos habían sido extraídos, lavados y siglados con una abreviatura del yacimiento, el año de la campaña de excavación y el contexto en que habían aparecido.

Durante el proceso de excavación surgieron cientos de problemas, unos derivados de la falta de repuestos para los modernos equipos de buceo, otros de la difícil situación del yacimiento, ubicado en una ladera con fuerte pendiente que complicaba, sobre todo, las tareas de dibujo y topografía. También hubo problemas para conservar algunos materiales arqueológicos y, por su puesto, con las pobres embarcaciones de trabajo que Throckmorton había conseguido. Pero, a pesar de todos los inconvenientes, la excavación fue todo un éxito. Cada día se recuperaban bloques concrecionados que, fuera del agua, se deshacían a base de cincel y martillo. Estas concreciones, que ocultaban los objetos arqueológicos, llegaban a pesar hasta doscientos kilos, y subirlas a bordo desde el fondo era realmente costoso. La excavación de cabo Kelidonia se convirtió en un hito de la arqueología submarina ocupando un lugar principal en la historia de esta ciencia.

Por su parte, las autoridades locales turcas se volcaron en los hallazgos del equipo de arqueólogos y buceadores americanos, colaborando en todas las tareas y proporcionando a Throckmorton y sus buceadores las instalaciones necesarias para almacenar, transportar y conservar los materiales extraídos que hoy pueden contemplarse en distintos museos.

Años más tarde, ya en la década de los ochenta, George Bass y el arqueólogo turco Cemal Pulak volvieron al lugar del naufragio con la nave del Instituto de Arqueología Náutica de Texas, Virazón. Equipados con la más moderna tecnología de buceo, reconocieron el fondo submarino hasta dar de nuevo con los restos y hallaron nuevos objetos que habían pasado desapercibidos como una espada, un ancla de piedra propia del Próximo Oriente y Chipre.

Ulu-Burum

En el verano de 1983 Don Frey, entonces director del Instituto de Arqueología Náutica de Texas, se encontraba en Turquía impartiendo conferencias entre los pueblos de pescadores de esponjas para tratar de concienciar a estos buceadores de la importancia de algunos hallazgos arqueológicos, y de su papel como principales protectores de su patrimonio histórico sumergido. Uno de sus oyentes en aquellas charlas afirmó haber visto lingotes en un lugar llamado Kas, cerca de la población de Bodrum. Para entones, en Bodrum existía un Museo de Arqueología Submarina que había nacido de la colaboración turco-americana iniciada por Throckmorton en los años sesenta, y que contenía, entre otros hallazgos, los restos del barco de Kelidonia. Miembros de este museo se sumaron a Don Frey para tratar de comprobar la veracidad de la narración del pescador de esponjas. Bucearon hasta cuarenta y cinco metros de profundidad siguiendo sus indicaciones y tuvieron suerte. Mucha suerte. Allí abajo, enterrados por una gruesa capa de arena, estaban esparcidos los restos de una nave de unos quince metros de eslora, del siglo XIV a. C.

Inmediatamente, se preparó una campaña de excavación dirigida por George Bass, en la que se recuperó gran parte del cargamento. Fue una campaña dura y extremadamente peligrosa, dados los sesenta metros de profundidad a la que se hallaban algunos restos del naufragio. Pero el riesgo mereció la pena. Para garantizar la seguridad de los buceadores, se utilizaron los equipos de inmersión más modernos de los años ochenta: chalecos hidrostáticos, modernos reguladores monotráquea, trajes secos y consolas con profundímetro y manómetro.

En el proceso de excavación se recuperaron más de trescientos lingotes de cobre chipriotas; lingotes de estaño, con un total de unas diez toneladas de peso; ciento cincuenta ánforas sirio-palestinas con tipologías típicas del transporte de vino y aceite; vidrio en bruto; marfil sin trabajar; cerámica chipriota; joyas de oro y plata; sellos cilíndricos; cuentas de vidrio, ágata, cuarzo, oro, hueso, ámbar y concha; lingotes de vidrio en forma de tazón; pesos de balanza; troncos de ébano; un fragmento de colmillo de elefante; dientes de hipopótamo; piezas de oro de joyería cananea; un escarabeo egipcio con el nombre de Neferteri; cajas de cosméticos de marfil; una estatuilla de bronce y pan de oro de una mujer oferente; un díptico de madera de boj con bisagras de marfil; numerosas anclas de piedra; espadas de bronce con incrustaciones de marfil y ébano; flechas, hachas, lanzas, cuchillos, una armadura, y numerosas herramientas de bronce, entre ellas unas tenazas, formones, hoces, leznas, sierras, una reja de arado, piedras de moler y azuelas. También se recuperaron restos de alimentos como almendras, piñones, higos, granadas, cilantro, trigo, cebada, aceitunas, uvas y cominos.

Pero lo más interesante apareció debajo de todos estos objetos. Al retirar el cargamento se descubrió la madera que formaba el casco del barco. Era la primera vez que se encontraban los restos de un barco tan antiguo bajo el agua. La madera estaba muy deshecha, pero aún se podían ver pequeños cajeados o mortajas, elaborados en el canto de las tablas del forro, para unir las maderas entre sí por medio de llaves y clavijas, también de madera. Este era un sistema de ensamblaje muy común en la carpintería egipcia para cerrar los sarcófagos de madera que, por primera vez, se veía en un barco tan antiguo. Un sistema que será empleado en la construcción naval mediterránea hasta el siglo VII después de Cristo.

Dadas las características del cargamento, se dedujo que la ruta de este mercante sirio-palestino de la Edad del Bronce pasó necesariamente por Chipre, allí cargó algunos de los productos más significativos de esta isla para continuar el viaje en busca del Egeo, a donde nunca consiguió llegar.

3. Fenicios, griegos y etruscos en el mar

Las primeras potencias marítimas

Hacia el año 1200 a. C. se produce en el Mediterráneo un gran cambio y un cierto desequilibrio entre las potencias navales y comerciales que dominaban el mar en la Edad del Bronce. El Imperio hitita desaparece casi por completo. Esta crisis afectó también a Siria y a Egipto. La costa de Anatolia es devastada por diversos pueblos enemigos. Comenzaba entonces la guerra de Troya. Micenas, que había iniciado su época de máximo esplendor en el 1400 a. C., ve caer su Imperio y sus palacios y el Mediterráneo entero sufre el ataque de los llamados «Pueblos del Mar». Es una época de cambios estratégicos que algunos pueblos saben aprovechar para sentar las bases de un nuevo mundo coincidiendo con el inicio de la Edad del Hierro. Un nuevo paisaje de culturas y civilizaciones que se interrelacionaban con rapidez, entre las que destacan los etruscos del norte de Italia, los comerciantes fenicios, semitas cananeos establecidos en el litoral del Líbano, y los griegos de la Edad Oscura. Los hallazgos arqueológicos submarinos de este período son escasos, casi inexistentes si los comparamos con los de la época romana. Restos muy dispersos que evidencian los movimientos de los griegos por Asia Menor y por el Mediterráneo occidental, y de los fenicios en busca de nuevas relaciones comerciales más allá de las columnas de Hércules. De este momento son los relatos de viajes más asombrosos de la literatura griega. Jasón y los argonautas, buscando el vellocino de oro en el Mar Negro; Heracles, luchando con todo tipo de monstruos por el Mediterráneo, y, como ellos, otros héroes legendarios como, Odiseo o Perseo.

A partir del siglo VIII a. C. surgen nuevas ciudades, estados independientes que se convierten en los nuevos lugares de encuentro de comerciantes y en punto de partida de los grandes viajes. Esta expansión colonial es el gran acontecimiento del Mediterráneo. Un acontecimiento que, si bien la arqueología terrestre es capaz de detectar y dimensionar con precisión, la arqueología submarina no ha podido aportar muchos datos para su estudio. Tan solo los hallazgos de los dos barcos del siglo VII a. C., hallados en Mazarrón, Murcia, entre los años 1991 y 1993; los restos del hundimiento en la isla Toscana de Giglio, localizado en 1982, y los barcos griegos de La Pointe Lequin, en Francia, nos hablan del comercio Mediterráneo en esta época.

Los barcos de Mazarrón son naves de pequeño porte halladas a dos metros y medio de profundidad en una de las playas más turísticas del pueblo murciano. Estos comerciantes del otro lado del Mediterráneo, de época fenicia, emprendieron las mayores empresas navales de su época y se aventuraron a descubrir en el primer milenio antes de Cristo nuevas rutas marítimas lejanas y peligrosas, desconocidas hasta entonces. El afán de supervivencia movió al pueblo fenicio a invertir grandes sumas de dinero y años de investigación para desarrollar una tecnología naval y un conocimiento de la navegación y la astronomía hasta entonces insospechado. Durante siglos, el proceso de colonización fenicio alcanzó por completo el litoral Mediterráneo, instalando sus factorías de intercambio en los confines del Mare Nostrum. No conformes con esto, emprendieron rutas comerciales hacia las Casitérides, con las que mantuvieron un comercio regular, y llegaron a circunnavegar el continente africano ya en el siglo VII a. C.

Según las fuentes escritas, los fenicios de Tiro llegan a la península ibérica en el año 1100 a. C., fecha no probada aún por la arqueología que sitúa el hecho en el siglo IX a. C. Desde esta fecha se constata la creación de factorías costeras que pretenden un intercambio desigual de productos manufacturados de Oriente por metales poco apreciados por los indígenas. En este proceso contactan con la cultura más desarrollada en la península ibérica, Tartessos, y se establecen en el sureste español sin sobrepasar el entorno de la actual región de Murcia en la que comienzan los dominios del comercio griego.

En el litoral Mediterráneo de Andalucía y de Levante son numerosos los yacimientos fenicios situados en promontorios junto al mar muy cercanos a la desembocadura de los ríos. Son poblaciones poco fortificadas y necrópolis que desaparecen en poco tiempo como consecuencia de los desastres sufridos en la metrópoli, al otro lado del Mediterráneo, y la hegemonía posterior de su colonia más poderosa en Occidente: Cartago.

Los barcos de Mazarrón

Los asentamientos comerciales del litoral español son bien conocidos por la arqueología terrestre. Sin embargo, hasta ahora, de sus naves solo se tenía noticia a través de algunas representaciones en relieves, en los que es prácticamente imposible obtener datos sobre la tecnología que emplearon en su construcción, sobre sus proporciones o sobre su forma de ensamblaje.

Las naves I y II de Mazarrón son, hoy por hoy, los únicos testimonios de embarcaciones relacionadas con la época fenicia cuyas maderas han sido fechadas por carbono catorce en el siglo VII a. C., momento fundamental en la expansión colonial en el litoral español. De ahí su importancia crucial como hallazgo y como prueba también del uso de un sistema de ensamblaje mucho más antiguo que el mundo fenicio, heredado de la forma de cerrar los sarcófagos por parte de los carpinteros egipcios: la unión de las tablas del forro mediante llaves de madera rectangulares, encajadas en las mortajas practicadas en el canto de las tracas, aseguradas por medio de clavijas cilíndricas.

El hallazgo de los restos de madera del Mazarrón I fue absolutamente casual. La construcción de un dique en los años noventa, en el entorno de la llamada playa de la Isla, había provocado un cambio importante en el flujo de las corrientes superficiales de la zona. Esto hizo que, cuando un temporal azotó la costa murciana, se destaparan unos restos de madera bajo el agua que nadie jamás había visto. El insólito hallazgo fue comunicado al Centro Nacional de Investigaciones Arqueológicas Submarinas de Cartagena (CNIAS), en el que yo me hallaba trabajando por aquellas fechas. Paloma Cabrera, su directora entonces, nos pidió que hiciésemos unas inmersiones de reconocimiento para intentar determinar la importancia del hallazgo, habida cuenta de que en el entorno se habían recogido anteriormente restos de cerámica fenicia con los que podrían relacionarse los fragmentos de madera.

Era un día gris, frío y lluvioso. Cuatro arqueólogos nos pusimos el equipo de buceo en la playa de la Isla sin ninguna gana de entrar en el mar. Al meter la cabeza en el agua vimos algunos restos de madera sobresaliendo del fondo a muy poca profundidad. A primera vista no parecían las maderas de un barco antiguo. A mí me llamó la atención un madero que parecía salir del fondo con bastante inclinación y cuyo extremo terminaba en una forma que nunca había visto. Me acerqué a examinar el madero. Fui tocando el canto desde el extremo intentando saber si era un cintón del pantoque o, quizá, la quilla. Entonces, descubrí una fila de muescas alineadas en lo que parecía el alefriz de la quilla. Eran mortajas muy finas para introducir llaves de madera rectangulares y unir las tablas del forro. El hallazgo me dejó asombrado.

Desde luego, no se trataba de ninguna barca de pescadores abandonada, como algunos hombres del pueblo habían dicho. Aquel sistema de ensamblaje era el típico de los barcos antiguos, el que se usaba en los barcos romanos que yo había estudiado, y el mismo que presentaba el barco de cabo Kelidonia. Examiné más detenidamente la quilla. En su cara superior debía estar la respuesta que andaba buscando. Si confirmaba que era la quilla y tenía huellas de haber tenido cuadernas y medias cuadernas sobre ella, podría tratarse de un barco romano, pero si no las tenía, quizá fuera realmente una nave mucho más antigua. La respuesta estaba clara. No había huella alguna. La superficie superior de la quilla nunca había tenido cuadernas ensambladas, ni medias cuadernas y, por tanto, el barco se había construido teniendo como principal elemento estructural el forro. Pero, lo más sorprendente era la quilla, que terminaba en una forma de ensamblaje que jamás había visto en un barco griego o romano. No era el típico «rayo de Júpiter», una forma de unión entre la quilla y la roda que imita la forma de un zigzag, sino que se trataba de un ensamblaje mucho más arcaico. El vértigo de los siglos me llevó a pensar en una embarcación prerromana. A falta de un estudio más riguroso tan solo podía afirmarse que eran los restos de una pequeña embarcación prerromana y, por tanto, un hallazgo absolutamente único en la historia de la arqueología submarina.

El magnífico descubrimiento tropezó con algunos problemas burocráticos que hicieron que su excavación, que se suponía era urgente por estar el yacimiento en una playa turística, tuviera que esperar varios años. Para entonces, el equipo de arqueólogos era distinto, y la directora del Centro de Investigaciones ya no era Paloma Cabrera, después conservadora del Museo Arqueológico Nacional de Madrid, sino Iván Negueruela, que procedía de ese mismo museo. Por suerte, el nuevo director se entusiasmó con el proyecto. Recién llegado, tomó la decisión de proteger físicamente el barco hasta que llegase el momento de la excavación. Para ello, se cubrieron los restos con una gran estructura metálica y varias mayas de plástico, arena y piedras que mimetizaron el túmulo con el resto del fondo marino.

En 1993 el nuevo equipo del Museo Nacional de Arqueología Marítima, dirigido por Iván Negueruela, comenzó la primera campaña de prospección intensiva de los alrededores del barco de Mazarrón. Este es el método más adecuado para alcanzar una imagen completa de la historia cultural de una zona concreta. Este tipo de prospección es lenta y costosa cuando se trata de grandes áreas, por eso, en dichos casos, se aplica la técnica del muestreo, ya sea aleatorio, estratificado o sistemático, con la que se obtienen estadísticas bastante fiables en relación con los hallazgos, mediante la recogida de objetos superficiales y distintivos que sirvan para clasificar el yacimiento culturalmente y delimitar su dispersión. En la playa de la Isla y sus alrededores se trazaron calles con cabos bajo el agua posicionados desde tierra por medio de teodolitos, de forma que pudieran situarse perfectamente en la cartografía de la costa. Los buceadores recorrieron durante meses las calles marcadas tratando de localizar restos arqueológicos. Se estudiaron las corrientes y la dinámica costera y se elaboró un plano detallado de la topografía del fondo y su morfología. Posteriormente, se delimitó el área del yacimiento, localizando las zonas de máxima concentración de materiales arqueológicos fenicios, evaluando el grado de deterioro de los mismos y extrayendo algunas piezas como muestra para su estudio y catalogación. Los hallazgos de esta fase fueron más de siete mil piezas y fragmentos cerámicos de los que más del setenta y dos por ciento correspondían al período fenicio: ánforas tipo Trayamar 1, urnas, *pithoi*, platos y morteros. Materiales conocidos y documentados en las factorías fenicias de Málaga y Granada. También aparecieron fragmentos de objetos metálicos, como un anillo de plata con un escarabeo y otros materiales propios del Bronce Final y el inicio de la Edad del Hierro.

En 1995 se decidió iniciar el proceso de extracción de los restos del casco que consistían en la quilla completa, nueve fragmentos de las tracas del forro y cuatro cuadernas de sección circular cosidas con cabo a las tracas del forro. La operación fue minuciosamente calculada para que las maderas no sufrieran durante el proceso. Se construyó un molde y una cama de extracción para sacar las maderas unidas, repartidas en dos bloques, que después fueron introducidos en dos grandes tanques de acero. Actualmente, los restos del casco de la nave Mazarrón I están expuestos en el museo tras haber sido desalados, vigilando el crecimiento microbiano, impregnados con PEG y, después liofilizados.

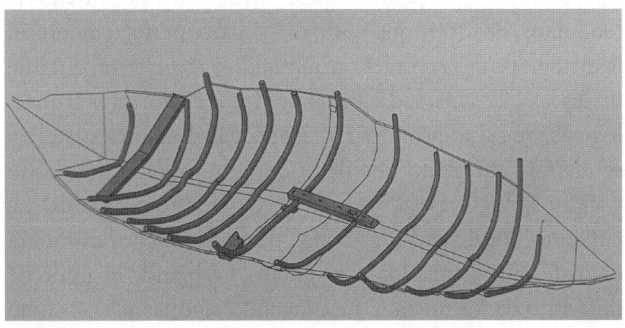

Figura 1. Planimetría del casco del barco Mazarrón II destacando las cuadernas y la carlinga.

Pero, por si este hallazgo fuera poco, a escasos metros de los restos descritos, el equipo del Centro Nacional de Investigaciones Arqueológicas Submarinas localizó una segunda embarcación, Mazarrón II, de características similares, pero en mejor estado de conservación y con gran parte de su cargamento *in situ*. La excavación de esta segunda nave, realizada en el año 2000 fue una sorpresa diaria. En cada inmersión se iba descubriendo la verdadera dimensión del hallazgo. De la proa a la popa, el barco estaba completo y dibujaba en el fondo arenoso la silueta perfecta de una pequeña nave de unos ocho metros de longitud y dos y medio de manga. Según iban excavando, fueron descubriendo que uno de los costados estaba totalmente completo. Desde la quilla hasta la borda. El otro costado solo había perdido algunas tracas de la parte superior. Poco a poco, y gracias a la estructura cuadriculada que se utilizó para documentar el barco y protegerlo a la vez, se fueron posicionando cada uno de los hallazgos que iban apareciendo en el interior del barco. Todo estaba en su sitio. Perfectamente estibado. Como si los propietarios del barco lo hubieran abandonado nada más cargarlo. El cargamento fundamental eran unas tres toneladas de tortas de un metal derivado del plomo, que fueron extrayéndose una a una después de fotografiarlas, pero también había algún ánfora tipo Trayamar 1 y objetos propios de la tripulación. Sin embargo, lo más asombroso fue el hallazgo a una magnífica espuerta de esparto con las herramientas del carpintero del barco y algunos cabos de la embarcación, perfectamente conservados. Uno de estos cabos, la estacha, llevaba directamente hasta otro resto aún más espectacular: el ancla. Un ancla de madera con cepo que aún permanecía clavada en el fondo amarrando a la nave.

Treinta años después de esta intervención, en el otoño de 2024, el Mazarrón II, fue extraído por completo bajo la dirección del arqueólogo Carlos de Juan y trasladado a las dependencias del Museo del Arqueología Subacuática de Cartagena (ARQUA), dependiente del Ministerio de Cultura. La extracción se realizó troceando el casco, aprovechando las grietas, fisuras y juntas de las tracas del forro, para dividirlo en veintidós fragmentos con dimensiones compatibles con el equipo de liofilización instalado en ARQUAtec, el laboratorio de conservación y restauración de ARQUA, uno de los más completos de Europa. La manera en la que se extrajo el barco, por partes, fue motivo de polémicas discusiones entre especialistas, ya que, si bien hay muchos ejemplos de barcos antiguos extraídos del mar por piezas, ninguno se parece al barco de Mazarrón II, que es una embarcación con las cuadernas cosidas al casco y, por tanto, muy difícil de conservar y recomponer después. En cualquier caso, los restos del barco, minuciosamente recuperados de los dos metros de profundidad en los que descansaba cubierto por una estructura metálica, están ya en proceso de conservación y restauración.

Del casco se conservan las tracas de pino del forro del casco unidas entre sí mediante lengüetas, mortajas y clavijas, un sistema de ensamblaje heredero de los sistemas de cerramiento de los sarcófagos egipcios; también se conservan trece cuadernas cosidas al forro mediante fibras vegetales, varios arranques de los baos que servían de bancada y que estaban unidos a las tracas del forro por medio de un ensamblaje en forma de cola de milano; la quilla de madera de ciprés; y la carlinga para sujetar la base del palo de la vela.

Mazarrón II, con sus 7,5 metros de eslora y 2,10 metros de manga, es el naufragio más antiguo conocido en España y el único barco mediterráneo de finales del siglo VII a. C. y principios del VI a. C. que puede aportar información extraordinaria sobre la construcción naval de este período, de la influencia del mundo fenicio, de las aportaciones locales y de la transición de la carpintería de ribera hacia los barcos íberos.

Figura 2. Recreación del barco de Mazarrón II.

La nave de Giglio

La otra nave de este mismo período, la nave arcaica de Giglio, fechada también en el siglo VII a. C., fue excavada entre los años 1982 y 1986 por el grupo de arqueología submarina de la Universidad de Oxford (MARE). Su director, Mensud

Bound, no daba crédito a lo que estaba viendo bajo el agua cuando, en plena inmersión, pudo identificar algunos de los fragmentos cerámicos que se encontraban dispersos por el fondo como piezas del período arcaico. Un período que para la arqueología submarina es un verdadero «agujero negro» en cuanto a información. La nave de Giglio tenía el cargamento muy esparcido. Entre los objetos más interesantes aparecieron lingotes de cobre y de plomo; cerámicas de Corinto, de Esparta, Etruria y Samos; puntas de flecha; lucernas; piezas de ámbar; herramientas de carpintero; instrumentos musicales de viento, y ánforas, muchas ánforas, cargadas con aceite, vino y brea.

Los hallazgos de esta nave etrusca fueron excepcionales, sin embargo, el barco no estaba intacto. Mensud Bound y su equipo de arqueólogos no eran los primeros que buceaban en el lugar. En los años sesenta ya se habían recuperado algunas piezas para venderlas clandestinamente como antigüedades, entre ellas, un espléndido casco de bronce fabricado en Corinto y dos magníficos compases de calibre de madera. Quizá por eso, tampoco quedaban restos de madera del casco. En cualquier caso, la importancia del hallazgo fue esencial para comprender las relaciones comerciales entre el mundo griego y el enigmático pueblo etrusco en el siglo VII a. C.

La nave de la Pointe Lequin

El tercer hallazgo de esta época histórica, tan desconocida desde el punto de vista naval, es la llamada nave arcaica de la Pointe Lequin (siglo VI a. C.). Apareció al norte de la isla de Porqueroles, un verdadero cementerio de barcos donde los vientos y la peligrosidad de la costa han atrapado a numerosas embarcaciones a lo largo de la historia. Entre las cuatro naves antiguas detectadas en la zona se ha estudiado con detalle una de ellas, a la que sus investigadores denominaron Pointe Lequin 1A. La excavación comenzó en el año 1985 bajo la dirección de los arqueólogos Luc Long (Francia), Jordi Miró (España) y Giuliano Volpe (Italia).

Durante las primeras campañas se pensó que se trataba de un único barco griego arcaico, sin embargo, las investigaciones posteriores revelaron dos embarcaciones de épocas muy similares hundidas una junto a otra y con cargamentos distintos, uno de ánforas masaliotas y el otro de cerámica griega. Tan solo unos decenios separaban estos dos naufragios. La calidad de los materiales de la segunda nave, la que transportaba cerámicas griegas, interesó especialmente a los arqueólogos desde el principio. No es nada corriente hallar tal cantidad de copas jonias B-2; lucernas de barniz negro, y magníficas copas áticas en perfecto estado de conservación, decoradas con ojos, viñas, palmetas, animales fantásticos, escenas de deporte, bélicas y mitológicas, como la representación de Teseo matando al minotauro o Hércules luchando contra el león de Nemea.

Además, el equipo de arqueólogos embarcado en el *Archeonaute,* la nave del Centro de Investigaciones Arqueológicas Submarinas de Marsella (DRASM), encontró algunas estatuillas de bronce y terracotas de estilo corintio. Junto a las cerámicas de lujo viajaban también los envases de transporte de productos alimenticios: ánforas cargadas con vino y aceite con las formas típicas de Grecia oriental, Atenas, Corinto y Marsella, y también grandes recipientes para transportar grano. Dada la cantidad de material arqueológico datable, fue relativamente sencillo para Luc Long y su equipo fechar el naufragio entre los años 530 y 500 antes de Cristo. Lo que no fue tan sencillo fue encontrar restos de madera del casco bajo las cerámicas. Esta posibilidad era remota pero factible, dado que el naufragio había aparecido sellado totalmente por una capa de posidonias que habían crecido después de que el barco se destruyera parcialmente. A diferencia de la nave de Giglio, cuando el *Archeonaute* fondeó sobre los restos, nadie antes lo había hecho. El yacimiento estaba intacto, algo inusual en la arqueología submarina mediterránea. Sin embargo, solo aparecieron unos cuantos restos de madera aislados como testigos de la nave que había transportado un cargamento tan valioso y exquisito.

La navegación en el Mediterráneo arcaico

Con restos de madera o no, las travesías que testimonian estas naves y sus cargamentos evidencian un conocimiento exhaustivo del Mediterráneo, de sus vientos y sus corrientes, que permitió a estos antiguos marineros establecer rutas comerciales siguiendo la circulación de las principales corrientes. Si lo comparamos con otros mares y océanos del planeta, el Mediterráneo es un mar pequeño y poco profundo, pero ha albergado durante siglos la mayor concentración de grandes culturas de la historia. Tiene una superficie total de dos millones seiscientos mil kilómetros cuadrados, con una profundidad media de mil cuatrocientos cincuenta metros y varias fosas que llegan a los cuatro mil metros. La temperatura varía notablemente según la zona geográfica y la estación del año, oscilando entre los trece y los veintiséis grados centígrados en la superficie del agua, con una variación de tres grados entre el día y la noche. Si algo caracteriza a los mares poco profundos es su elevada salinidad que, en el caso del Mediterráneo, es de unos treinta y ocho gramos por litro de agua, es decir que hay treinta y ocho gramos de sustancias sólidas en forma de sales, tales como el cloruro sódico, el cloruro magnésico, el sulfato magnésico, el sulfato potásico, el sulfato cálcico, el carbonato cálcico y el bromuro de magnesio principalmente, disueltos en el mar por cada litro de agua. En las zonas costeras con aportes de agua dulce esta salinidad disminuye, aumentando su valor en las áreas con clima árido y mayor índice de evaporación.

En este sentido, son muy diferentes los aportes fluviales del norte del Mediterráneo con un noventa y dos por ciento del total y el sur con un aporte de un ocho por ciento. También las corrientes marinas alteran la salinidad zonal, ya que entremezclan aguas con diferente proporción de sales. Temperatura y salinidad determinan a su vez la densidad del agua, que influye directamente en la circulación de mar. En el Mediterráneo, la tónica general de la circulación de las corrientes va de Este a Oeste, sin embargo, la configuración geográfica y topográfica de la cuenca y las características térmicas de sus aguas determinan un sistema de corrientes peculiar dividido claramente por la península italiana, y comunicadas por el canal Túnez-Sicilia. Se crean así dos sistemas de circulación bien diferenciados, el occidental y el oriental. Los vientos predominantes están condicionados también por la orografía de las tierras circundantes. Las cadenas montañosas actúan como barreras y sus valles sirven de canales a las masas de aire. El valle del Ródano, por ejemplo, que desemboca en el golfo de León, facilita la circulación de los vientos de componente norte. Los Apeninos, en Italia, funcionan como barrera entre la meteorología del mar Tirreno y el Adriático. Existe, además, una gran diferencia en el régimen de vientos y la meteorología del Mediterráneo entre la estación de invierno y la de verano, en la que el mar está generalmente tranquilo, con vientos tenues que siguen la dirección del sol. Quizá por eso, los navegantes antiguos solo circulaban por el Mediterráneo de mayo a octubre, y siempre realizando una navegación denominada de cabotaje, es decir, siguiendo los cabos y divisando en todo momento la costa. Esta es una navegación peligrosa por la cercanía continua del litoral, pero, a la vez, es una forma de navegar útil y sencilla en un mar en el que la visibilidad de la costa es prácticamente permanente.

4. La construcción naval en el siglo IV a. C.

Ánforas griegas bajo el mar

Un día de primavera de 1965, el chipriota Andreas Cariolou, como solía hacer casi todos los días, buceaba solo, en un lugar conocido, recogiendo esponjas y cargándolas en la cesta que llevaba colgada a la espalda. De repente, cuando se disponía a subir a su barco por el cabo del ancla, esta comenzó a garrear y fue deslizándose por el fondo sin que Andreas pudiera detenerla. El pescador, desesperado, fue siguiendo el rastro de fango que el ancla iba levantando a su paso sin darse cuenta de que aquella persecución le conducía cada vez a mayor profundidad. Por fin, se detuvo. El ancla quedo perfectamente tumbada en una plataforma plana, una gran llanura de arena y posidonias. En los primeros instantes casi no vio nada. La visibilidad había sido alterada por el destrozo que el ancla había ido haciendo en el fondo submarino. Al disiparse la niebla apareció ante él un espectáculo de ensueño. Cientos de ánforas ordenadas por hiladas sobresalían en la extensa llanura. Andreas se quedó unos instantes contemplando el hallazgo hasta que reaccionó preocupado por la profundidad a la que se hallaba. Con su cesta llena de esponjas fue ascendiendo por el cabo del ancla hasta llegar a la superficie. Allí le esperaba otra sorpresa. Se había levantado un fuerte viento y su barco se desplazaba varias millas de aquel lugar. Volver a localizar aquel magnífico campo de ánforas le costaría casi dos años.

En 1967 Andreas Cariolou contactó con un equipo de arqueólogos americanos capitaneados por Michael Katzev, de la Universidad de Pensilvania, que habían sido invitados por el gobierno chipriota para preparar una campaña de prospección arqueológica submarina. Andreas les contó con detalle las circunstancias de su hallazgo y se prestó voluntario para acompañar al grupo hasta el lugar del naufragio que tenía perfectamente localizado a treinta metros de profundidad.

Andreas fue directo al lugar del hundimiento. El grupo de americanos se quedó absolutamente perplejo. Sin embargo, bajo el fondo, a primera vista, la acumulación de ánforas resultaba menor de lo esperado. Dedujeron en aquel momento que la embarcación debía ser muy pequeña, apenas un bote de cuatro o cinco metros de eslora. Pero esta conclusión podía resultar apresurada e inexacta. Katzev decidió entonces echar mano de la más moderna tecnología de teledetección y rastreó toda la zona con un magnetómetro de protones. Este es un aparato que fue diseñado en la segunda guerra mundial para localizar las variaciones del campo magnético de la tierra y, también, cualquier variación producida por un metal sumergido. El campo que abarca un magnetómetro en su búsqueda en extensión o profundidad depende, básicamente, de la cantidad de metal acumulado. Previamente, es necesario comprobar que en la zona en la que se va a utilizar no existen rocas ígneas o volcánicas que puedan causar interferencias e inducir a errores. También, hay que conocer con precisión las características geomorfológicas y magnéticas del fondo submarino. Hechas estas comprobaciones, Katzev arrastró el sensor de protones en forma de campana por los alrededores del núcleo principal del yacimiento. En la embarcación iba inspeccionando detenidamente la gráfica que el magnetómetro le proporcionaba. El papel milimetrado se iba llenando de picos y el marcador digital no dejaba de anunciar la presencia de alteraciones evidentes en el campo magnético mucho más allá de la zona en la que habían localizado las ánforas. Para estar más seguro de lo que ya sospechaba utilizó también un detector de metales compuesto por un ánodo y un cátodo, que eran arrastrados por la embarcación de casco de madera y conectados a un registrador gráfico. El detector localizaba los metales a una distancia diez veces mayor a la longitud del objeto detectado. Cuando el metal estaba cubierto totalmente por barro la señal que emitía era tenue, débil, pero cuando una mínima parte del objeto metálico sobresalía del fondo su presencia era detectada inmediatamente. Y así fue. La prospección realizada por Katzev no dejaba lugar a dudas. El naufragio correspondía a una nave bastante más grande de lo que imaginaba inicialmente, ya que había una gran cantidad de objetos totalmente sepultados bajo el fondo en un área con una superficie total de más de doscientos metros cuadrados.

Katzev y su equipo fueron pinchando con varillas metálicas el sedimento de arena que rodeaba a las primeras ánforas que estaban en la superficie del fondo marino hasta localizar muchas más cerámicas ocultas. El sonido de la varilla cuando chocaba con las ánforas era inconfundible. Estaban allí, bajo la arena. Se trataba de una embarcación de unos quince metros de eslora. Así se configuró el primer plano del yacimiento. Y se confirmó algo primordial para la investigación arqueológica. El yacimiento estaba intacto. Nadie lo había descubierto antes de Andreas Cariolou, o al menos nadie lo había tocado, ni había extraído ningún resto. Este dato alimentaba la esperanza de hallar, además del cargamento, restos del casco de madera en buen estado de conservación. Pero la excavación, la disección del fondo para estudiar y rescatar las piezas, tendría que esperar.

Un año más tarde, en 1968, el equipo de investigadores americanos, en colaboración con el gobierno chipriota, comenzó las primeras inmersiones de la campaña de excavación. Dadas las características del fondo, la primera tarea, y quizá la más dura, fue la de retirar la capa de sedimento acumulada sobre el naufragio. Se utilizó un sistema novedoso a base de chorros de agua a presión, que iban limpiando la arena, y de aire a presión, para romper las raíces de las posidonias. Uno a uno, fueron cortando bloques de raíces y plantas hasta dejar limpia toda la zona del naufragio. Bajo aquel tapiz vegetal había más de cuatrocientas ánforas intactas que correspondían a diez tipologías anfóricas diferentes. La mayoría eran ánforas de vino rodias y samias, fechadas en el siglo IV a. C., alrededor del año 323, aunque también aparecieron ánforas con almendras. Más de diez mil. Algunas envasadas en las ánforas, otras sin recipiente, esparcidas por todo el hundimiento. Había, además, lentejas, ajos, pistachos, uvas, higos y ramitas de hierba secas. Katzev encontró también una gran cantidad de molinos de piedra de dos piezas con distintos tamaños y formas, algunos de ellos con marcas del artesano que los construyó en Nísiros. Además del cargamento principal, se hallaron objetos de uso de la tripulación, como es el caso de algunas cerámicas comunes y de cocina, plomos de pesca, un caldero de cobre, una única lucerna de cerámica, una vela de repuesto con sus ollaos y una pieza absolutamente singular, un tintero. Todo parece indicar que la tripulación estaba compuesta por cuatro hombres, pues había cuatro juegos de platos, cuatro copas, cuatro vasos y cuatro cucharas de madera. Probablemente, la tripulación abandonó el barco con rapidez, dejando todas sus pertenencias a bordo. Quizá, como apunta Throckmorton al estudiar el hallazgo de una lanza de hierro con restos de plomo del casco en la punta, les sorprendió un ataque pirata en medio del mar.

La nave Kyrenia

Terminada la campaña de excavaciones, el equipo de arqueólogos dirigidos por Katzev y su mujer Susan, cubrieron el yacimiento con arena hasta la campaña siguiente. En 1969, el cargamento completo había sido extraído y bajo el agua solo quedaban los restos de la madera del casco. Ahora ya no tenían la protección del cargamento y lo más probable es que se destruyeran en poco tiempo a pesar de taparlos completamente con tierra. Katzev y sus buceadores habían observado como su propia intervención había destruido algunas partes de la madera, aunque siempre fueron muy cuidadosos al trabajar sobre el casco. Temían dejar los restos bajo el agua y que lo que se había conservado durante siglos se deshiciera en pocos años. El barco tenía quince metros y ochenta centímetros de eslora y presentaba el casco abierto y partido en dos por la quilla. Katzev también temía que los buscadores de tesoros quisieran rebuscar entre los restos, una vez acabada la excavación, y destruyeran la madera del único barco griego hallado hasta entonces. Por fin, se tomó una decisión. Sacar los restos del barco y reconstruirlos en tierra. Esta decisión significaba un gran avance para la arqueología submarina, pero, a la vez, llevaba emparejados un sinfín de problemas y retos de conservación aún por resolver. En primer lugar, cómo extraer los restos del agua sin que, en los treinta metros de trayecto entre el fondo y la superficie, se deteriorasen. En segundo lugar, cómo embalarlos para que soportasen el viaje hasta tierra firme, y, por último, cómo introducir el barco completo en el patio del castillo de los Cruzados, lugar en el que se le aplicaría el debido tratamiento de conservación. Para tantos obstáculos solo había una solución. Renunciar a sacar el barco completo y despedazarlo bajo el agua, para subir una a una cada madera y reconstruirlo después en el laboratorio. Tomada esta decisión, había dos formas de hacerlo: desmontar las maderas y su sistema de ensamblaje, con lo que peligraba seriamente la consistencia del casco, o cortarlo en varios trozos y unirlos después.

Katzev prefirió la segunda opción. Sus buceadores comenzaron a cortar los restos con sierras de aire comprimido en bloques de dos metros por uno. Cada bloque se colocaba sobre una superficie flexible que, a su vez, iba instalada sobre otra rígida. Con globos ascensionales se izaron los bloques hasta la superficie, controlando la velocidad de subida y el equilibrio de los soportes. Después, se subieron a un bote y se transportaron a tierra para cargarlos en camiones hasta el castillo.

Nada más llegar a su destino, como si de animales marinos se tratase, se introducían de nuevo en agua para mantener sus constantes estables. Sin embargo, a pesar de tantas precauciones, solo en el trayecto del lugar del naufragio hasta el patio del castillo, las piezas de madera se contraían, se arqueaban e iban perdiendo su consistencia y su forma original. Esto hizo que Katzev se replantease el sistema y decidiera desmontar, y no cortar, la segunda parte del casco que aún permanecía bajo el mar. Se desmontaron una a una las cuadernas, la quilla, la carlinga del mástil y todas las tracas del forro externo. Bajo el agua todas las piezas del casco se habían fotografiado en su estado original formando un gran foto-mosaico. Las fotos habían sido tomadas siempre a la misma altura de los restos gracias a una estructura rígida de tubos de hierro en los que se instalaba una torreta con la cámara fotográfica en el extremo superior. Katzev tardó cinco años en el proceso. Cinco años trayendo y llevando maderas del casco del fondo del mar al castillo de Girne.

El casco del Kyrenia, como se denominó al barco, tenía totalmente impresionado a Richard Steffy, el ingeniero naval norteamericano recién incorporado como encargado del estudio de la construcción naval. Para él cada madera, cada junta, cada, clavija eran un alarde de tecnología. El casco era realmente asombroso. Estaba construido «sobre forro» es decir, que lo primero que habían fabricado era el forro del casco, para después instalarle las cuadernas, meramente de refuerzo, con clavos de cobre desde el exterior y remachadas sus puntas desde el interior. Este sistema de construcción suponía una verdadera demostración de maestría y precisión por parte del carpintero de ribera. Cada tabla del forro se unía a la siguiente por medio de sus lengüetas de madera que iban introducidas en los cajeados o mortajas hechas en el canto de las maderas. La unión se aseguraba mediante dos clavijas de madera por lengüeta, coincidiendo una en cada tabla del forro que se había de unir. Un trabajo «de chinos» en el que la precisión debía ser milimétrica. En algunas cuadernas se encontraron marcas del carpintero, como en la nave de Keops, para facilitar la colocación de las cuadernas en el interior del casco.

El Kyrenia estaba hecho con madera de pino, cortado en su justo momento, ni muy seco, ni muy húmedo y revestido, bajo la línea de flotación, es decir en la obra viva, por láminas de plomo con clavitos de cobre para evitar el deterioro de la madera al contacto con el agua y sus organismos. Según las fechas proporcionadas por los análisis de carbono catorce a que se sometieron las maderas, y comparándolas con las fechas proporcionadas por algunas monedas halladas en el barco y por las almendras, el barco ya tenía unos ochenta años de vida cuando se hundió, incluso se apreciaban algunos remiendos y reparaciones en las tablas del forro.

De este mercante griego resultaba especialmente interesante, desde el punto de vista de la construcción naval, la carlinga del mástil, pues permitía abatirlo en los meses que no navegaba. Para ello, el cajeado en el que se apoya la coz del mástil tenía una parte curva y otra recta, para poder inclinarlo hacia popa. Este sistema se utilizará en toda la época romana en embarcaciones con o sin cubierta.

Con respecto al velamen de este mercante, la excavación de Katzev reveló la existencia de numerosas anillas de plomo que debieron ir cosidas a la vela para que por ellas pasasen los cabos que la hacían desplegarse o recogerse. Estos cabos caían rectos desde la verga y se cruzaban con otros cabos cosidos a la vela que le daban consistencia. Por esta razón, la imagen que repiten los artistas antiguos del velamen de los barcos griegos y romanos es la de un reticulado de cabos.

En 1982, dada la gran cantidad y la integridad de restos encontrados del Kyrenia, Richard Steffy se planteó la posibilidad de hacer una reconstrucción del casco y una réplica exacta de este mercante griego. Con la ayuda del carpintero de ribera Manolis Psaros y de Harry Tzalas, director del Instituto Helénico para la Conservación de las Tradiciones Náuticas y presidente del Simposio sobre Construcción Naval Antigua, comenzaron los trabajos en el astillero de Perama, cerca de Atenas. Psaros y sus carpinteros tuvieron que renunciar a sus tradiciones constructivas para empezar el barco al revés, por el forro y no por las cuadernas, como se hace desde la Edad Media, y como ellos aprendieron de sus padres y sus abuelos. Buscaron una madera lo más parecida al pino de Aleppo con el que se había hecho el Kyrenia, un pino de Samos llamado *Pinus Brutia*.

Primero elaboraron la quilla, con más de nueve metros de longitud y una curvatura similar a la del original. A la quilla se le añadió el codaste a popa y la roda a proa, haciendo un esfuerzo especulativo, ya que entre los restos del Kyrenia no estaban estas piezas que definen la forma del casco. A la quilla se le fueron añadiendo las primeras tablas del forro ensambladas gracias a las cajeras o mortajas practicadas en el canto y a las lengüetas con sus clavijas cilíndricas. Cada lengüeta iba separada doce centímetros de la siguiente. Tal cantidad de lengüetas daba una gran solidez a la unión entre los cantos de las tablas, pero hacía extremadamente dificultoso el que las tablas encajasen entre sí a la perfección. El riesgo de romper las tracas del forro era muy alto. Una vez que dos tablas estaban ya unidas y encajadas se hacían los taladros para colocar las clavijas cilíndricas, dos por cada lengüeta, correspondiendo una a cada tabla del forro. Steffy y los carpinteros comprobaron que este sistema era complejo, pero realmente eficaz. Definitivamente, era posible hacer un barco entero empezando por el forro. Colocaron más de cuatro mil lengüetas en sus ocho mil cajeados con sus correspondientes clavijas cilíndricas. Y levantaron trece hiladas de tablas, exactamente las que tenía el costado del Kyrenia que apareció completo.

Una vez construido el forro procedieron a elaborar las cuadernas y medias cuadernas que iban a reforzar el forro por el interior, para evitar que se abriera y para darle mayor solidez al conjunto. Las piezas transversales se hicieron a medida. Cada una era distinta a la anterior y debía adaptarse perfectamente a la curvatura del casco en cada tramo. Se instalaron veintitrés cuadernas completas y veinticinco pares de medias cuadernas. La unión entre cuadernas y tablas del forro se hizo, como en el barco original, con grandes clavos de cobre clavados desde el exterior del forro machacando la punta al atravesar la cuaderna por el interior.

Tres años después, el casco del *Kyrenia II* era botado al mar para seguir su construcción mientras las juntas se iban empapando en agua e hinchándose para hacerse absolutamente estancas. Al forro se le añadió una barandilla siguiendo el modelo de algunos barcos mercantes pintados en las cerámicas griegas del siglo IV a. C. y se le instalaron dos tramos de cubierta, uno a proa, para facilitar la maniobra del ancla, y otro a popa, para el timonel. Después, se colocó un mástil central de abeto encajado en su carlinga y sujeto por los obenques y estays al casco con su vela y su jarcia completa (amantillos, escotas y brazas), y dos timones laterales a popa. Por fin, el barco estaba listo para navegar. Tan solo le faltaba la protección necesaria para ahuyentar al enemigo: dos grandes ojos apotropaicos pintados en las aletas de proa.

Hoy día, el *Kyrenia II* navega cada verano por el Mediterráneo, de un puerto a otro, como testimonio del naufragio de aquel mercante griego, en un ejercicio de arqueología experimental de gran utilidad para historiadores, arqueólogos e ingenieros navales.

5. Mare Nostrum

Roma y el comercio marítimo

Según Lionel Casson, historiador naval de la Antigüedad, los romanos son una anomalía en la historia marítima, un pueblo de malos marineros que llegaron a ser dueños del Mediterráneo a pesar de ellos mismos. Y añade que «solo hombres criados en tierra se hubieran atrevido a desafiar a la flota cartaginesa con navegantes de agua dulce y tripulaciones recién salidas de las granjas».

En el 500 a. C., cuando los cartagineses y los griegos se habían dividido el mar para ejercer sus actividades comerciales en paz, una nueva nación crecía y se hacía fuerte a orillas del río Tiber. Aquellos rudos guerreros de tierra adentro supieron aprovechar su fuerza y su tesón para construir un verdadero Imperio empezando por la península itálica, pero pronto toparon con el mar. Allí andaban de un lado para otro los etruscos, los cartagineses y los griegos, tres culturas marineras que habían recibido durante siglos la tradición de sus antecesores, los egipcios, los fenicios y los micénicos, en el control del Mediterráneo. Inicialmente, el pueblo romano tomó el mar como una frontera con un gran enemigo en la otra orilla del Mediterráneo que lo dominaba y lo explotaba ante sus propias narices: Cartago.

Pero pronto, Roma decidió que aquel privilegio debía terminar y estalló en el año 264 a. C. la primera guerra púnica.

El estrecho de Messina era la única frontera entre Roma y Cartago en el Mediterráneo occidental. Los romanos se enfrentaron al mar con valor e ingenio y consiguieron lo impensable: vencer a Cartago en una batalla naval, convirtiéndose en dueños y señores del Mare Nostrum. De sus enfrentamientos con Grecia y de los veintitrés años que duró la primera guerra púnica con Cartago, Roma extrajo un gran conocimiento de las rutas comerciales y estableció un orden jurídico nuevo para regular las actividades en el mar. Aplicando su sabiduría en la ingeniería y la arquitectura, Roma construyó los puertos más grandes conocidos hasta entonces en Ostia, Alejandría, Leptis Magna o la mismísima ciudad de Cartago, y con ello permitió aumentar notablemente el tamaño de las naves. En estos puertos convivían todo tipo de profesiones asociadas al mar. Había carpinteros de ribera, calafateadores, buzos, estibadores, lastradores, pesadores, armadores, navieros, contables, aduaneros y, por supuesto, marinos.

En el año 201 a. C. Roma tenía una flota militar totalmente consolidada y experta. Se había convertido en la potencia naval más importante del Mediterráneo. El comercio por mar también tomó dimensiones hasta entonces desconocidas. De un lado a otro del Mediterráneo se transportaban los productos alimenticios que la creciente Roma necesitaba, como eran el trigo, el vino o el aceite. Un comercio para el que era fundamental un tipo de envase, inventado muchos siglos antes, pero que ahora se generaliza y se extiende por toda la geografía Mediterránea: el ánfora.

Decía Peter Throckmorton que las ánforas eran las latas de conserva de la Antigüedad, y en parte tenía razón. Ya desde la Edad del Bronce, este tipo de envases empiezan a proliferar como medio de transporte de diferentes productos para su comercialización y distribución por vía marítima. El barco de Ulu-Burum, uno de los naufragios más antiguos del Mediterráneo, las llevaba como parte de su cargamento, conteniendo aceite. Los egipcios y los griegos también las emplearon legándonos su nombre, que aparece por primera vez en la escritura Lineal B. La *Odisea* también hace algunas alusiones a este tipo de recipiente. Pero su verdadero significado describe algo más que un mero envase cerámico con asas. El ánfora era una medida de capacidad que equivalía a unos veintiséis litros, o lo que es lo mismo, a un quadrantal romano.

Su uso disminuyó en la Edad Media, sustituyéndose en ocasiones por barricas y barriles de madera, pero nunca desapareció por completo. Hasta el siglo XVIII seguimos encontrando este tipo de recipientes, sobre todo en los barcos españoles de la Carrera de Indias. Recipientes ahora sin asas y de menor tamaño, a veces vidriados por dentro, por fuera o en ambas caras para transportar líquidos, sólidos y fluidos (aceite, brea, aceitunas, salazón, vino o aguardiente). En época romana el ánfora fue el envase más utilizado para el transporte por mar, y sus restos son los fósiles de una actividad comercial frenética. Antes de que la arqueología submarina las recuperase a millares, estos recipientes ya habían sido tipificados por el conocido arqueólogo alemán Dressel.

Figura 3. Recreación de la sección de un barco mercante romano cargado con dos hileras de ánforas.

Su investigación duró años y se fundamentó en el hallazgo de una verdadera montaña de ánforas desechadas en el llamado monte Testaccio, en Roma. Esta acumulación de restos anfóricos de treinta y cinco metros de altura está formada por unos cuarenta y cinco millones de ánforas depositadas allí entre los siglos II y III.

La confección de estos enormes recipientes, que llegaban en ocasiones al metro de altura, era compleja. Había que elaborar su forma por partes, a veces, incluso fabricando dos recipientes abiertos para luego unirlos. Una vez cocidas se señalaban con marcas, sellos e incluso textos *(tituli picti)* que servirían para indicar la procedencia, el tipo de producto, o incluso el nombre de los *mercatores, diffusores* o *negotiatores*. Después de envasar el producto las ánforas se cerraban con tapones de corcho, cerámica o madera. En ocasiones, se impermeabilizaba el interior con resinas aromáticas. Así quedaba elaborado uno de los recipientes más aptos para ser estibado en las bodegas de los barcos. Su forma apuntada facilitaba su apilamiento en varias hiladas, adaptándose a la forma interna del casco del barco.

Cuando la arqueología submarina comenzó a explorar el fondo del Mediterráneo encontró un verdadero repertorio de estos envases, a veces aislados, a veces agrupados en lugares que antiguamente fueron puntos de fondeo o aguada, y en la mayoría de los casos, formando parte del cargamento de barcos de todos los tamaños y procedencias. Hoy por hoy, es muy difícil entender la arqueología submarina y la investigación sobre la navegación en la Antigüedad sin las ánforas como protagonistas, como fósil director. Su carácter imperecedero, aunque fracturable, ha facilitado la conservación de los restos de madera que formaban el casco de las embarcaciones. Así, han aparecido barcos romanos cargados con sus ánforas perfectamente estibadas en dos, tres y hasta cuatro hiladas superpuestas. Barcos de pequeñas dimensiones y poco tonelaje, y supercargueros como la nave de Albenga de unos cuarenta metros de eslora y con unas diez mil ánforas, o La Madrague de Giens de treinta y cinco metros, con un cargamento de unas ocho mil ánforas Dressel 1.

Los grandes cargueros del Mediterráneo

Desde el punto de vista de la construcción naval los romanos supieron sacar el mejor partido de la tradición griega y cartaginesa, y aportaron enormes mejoras en el diseño de las naves mercantes y su sistema de construcción.

Una de las naves mercantes más sorprendentes por su tamaño y su sólida construcción es la llamada La Madrague de Giens. Fue localizada en 1976 por un equipo de buceadores de la Marina francesa en Toulon. Los restos estaban situados a unos dieciocho metros de profundidad. El Centro de Investigaciones Arqueológicas Submarinas de Marsella realizó once campañas de excavación anuales. Sus directores, Patrice Pomey, el mayor experto internacional en construcción naval romana, junto con André Tchernia y Antoinette Hesnard, especialistas en comercio marítimo romano, hicieron un trabajo ejemplar que ha pasado a la historia de la arqueología submarina, no solo por la importancia del hallazgo, sino también por la rigurosidad de su investigación en la que participó la Universidad de Aix-en-Provence, el CNRS y el Instituto de Arqueología Mediterránea.

El mercante de La Madrague de Giens transportaba vino cuando se hundió un día del siglo I a. C. Era vino del sur del Lacio, en Italia, con destino al sur de la Galia, toneladas y toneladas de vino envasado en más de seis mil quinientas ánforas. La nave tenía una estructura arquitectónica espectacular. Fue construida colocando primero el forro e insertando después cuadernas y medias cuadernas. Tenía, además, un doble forro de madera y una protección de plomo en la zona del casco que estaba en contacto con el agua. El interior del barco presentaba un sólido entramado de tablas longitudinales para formar un suelo compacto a base de palmejares fijos, clavados a las cuadernas, y panas encajadas entre palmejares sin ensamblar a las cuadernas. Especial relevancia tiene la estructura de la carlinga, preparada para abatir el mástil. La calidad de la construcción del casco era la garantía para poder cargar cuatrocientas veinticinco toneladas de peso.

Figura 4. Cargamento de ánforas del mercante romano de la Madrague de Giens, dispuesto en tres hiladas.

Durante el proceso de excavación se utilizó la estereofotogrametría para documentar la gran cantidad de ánforas aparecidas entre las maderas del casco. La excelente conservación del cargamento y la madera del barco se debe, fundamentalmente, a la existencia de dos los metros de sedimento que sellaron el naufragio cuando este quedó totalmente destruido. Sin embargo, no estaba intacto cuando fue localizado. En la misma época del naufragio fue recuperada una parte del cargamento y algunas piezas fundamentales del casco. Un ejemplo es la bomba de achique. En la zona donde debió estar colocada, al final de la quilla, hacia la popa, queda el espacio exacto de su ubicación, pero en el lugar en el que debió estar la bomba, lo que los arqueólogos encontraron fueron unos grandes cantos rodados como los que habitualmente usaban los buceadores romanos a modo de lastre para bajar a los naufragios y recuperar piezas de valor.

De similares proporciones es también la nave romana de Albenga, sobre la que se realizó una intervención científica en 1950 por iniciativa de Nino Lamboglia, uno de los arqueólogos pioneros en la investigación submarina. Lamboglia, cuyo nombre ha servido para clasificar alguna de las tipologías anfóricas más conocidas del Mediterráneo, recuperó más de mil recipientes en la nave de Albenga, sobre todo ánforas Dressel 1, Lamboglia 2 y Dressel 27, con las que se fechó el naufragio en el primer siglo después de Cristo. También aparecieron entre los restos del barco cerámicas de barniz negro campanienses, tipos A y C, y cerámicas de cocina para uso de la tripulación. Sin embargo, el casco del barco estaba en muy malas condiciones y fue muy poco lo que se pudo estudiar de él. Aparecieron algunas tablas del forro revestido con láminas de plomo y la carlinga del mástil. Las proporciones de este mercante debieron superar los cuarenta metros de eslora y los diez o doce de manga, pudiendo transportar hasta doce mil ánforas, es decir, unas seiscientas toneladas de cargamento. Estas cifras convierten a la nave de Albenga en el mayor mercante romano encontrado hasta la actualidad.

El escritor romano Luciano describió un mercante de grandes proporciones, similar al de Albenga, que llegó al puerto el Pireo desviado por el viento. Luciano viajó desde de Atenas hasta el Pireo para contemplar la majestuosidad de aquella embarcación.

[...] tenia cincuenta y cuatro metros de largo, según me dijo el carpintero del barco, y su manga más de un cuarto de esa medida, y trece metros desde la cubierta hasta el punto más bajo de la bodega. Y la altura del mástil, y la verga que llevaba, y el estay que tenían que usar para mantenerlo erguido, ¡y de qué manera se elevaba la popa en una curva gradual que terminaba en una cabeza de ganso dorada, mientras el otro lado se alzaba la curva mas plana con sus figuras de Isis, la diosa que daba nombre al barco, en cada costado! Todo resultaba increíble... Me dijeron que la nave llevaba grano suficiente como para alimentar a toda la población de Atenas durante un año.

Otras naves mercantes romanas recuperadas por la arqueología submarina en el Mediterráneo son la de Cavalière, que también transportaba un cargamento de vino; las naves Chrétienne A y B, cargadas con ánforas de vino Dressel 1 y ánforas grecoitálicas; la nave del Cap Drammont; el famoso barco del Gran Congloue, una de las primeras naves romanas halladas por buceadores con escafandra autónoma, y otros naufragios como Titan, Port-Vendres I y II, Punta Scaletta, Spargi, Laurons II, o AntiKithera, la nave cargada con esculturas de bronce que encontró el pescador de esponjas griego Stadiatis en el año 1900.

La construcción de los mercantes romanos

La estructura del casco de las naves mercantes romanas era compleja pues debía soportar una serie de esfuerzos generados principalmente por tres factores: la presión exterior del agua; el peso interno de la carga, que como hemos visto podía ser de muchas toneladas, y la presión que ejerce el aparejo a través del mástil.

En sentido longitudinal, la quilla era el elemento principal que, a modo de columna vertebral, servía de base para la instalación de las cuadernas y del forro. A proa y a popa, la quilla se unía al codaste y a la roda por medio de un ensamble de solape, similar al que observamos en los barcos de madera actuales. Roda y codaste formaban así una sólida prolongación de la quilla configurando la forma del barco.

A lo largo de toda esta estructura longitudinal, y en su lateral, corría una ranura de forma triangular denominada alefriz, que alojaba en su interior a las tracas del forro. En los barcos romanos, el forro era un elemento estructural esencial, a diferencia de los barcos de madera modernos, en los que tan solo tiene una función principal de estanqueidad. Las hiladas del forro externo iban unidas entre sí mediante un complejo sistema de llaves o lengüetas que encajaban en sus correspondientes mortajas, y que a su vez, se reforzaban con dos o tres clavijas de madera. Los romanos llamaban *cuneus* a la lengüeta y *subscus* a la mortaja o al conjunto de mortaja y lengüeta, mientras que los griegos se referían a estos mismos elementos con términos menos técnicos como *harmoi, desmoi* o *harmoniai*, para designar a las uniones en general.

Las cuadernas, que en la construcción medieval y moderna son las que forman la estructura o armazón del casco, actuaban, en época griega y en los primeros siglos de la República romana, como un mero refuerzo transversal del forro y eran instaladas después de que el forro estuviese levantado, no existiendo unión entre la quilla y las cuadernas.

Hay una estela funeraria romana que describe con un simple relieve esta forma de concebir un barco. Es la estela del *Faber Navalis P. Longidienus* en la que aparece un carpintero de ribera tallando una cuaderna junto al casco de un barco ya construido. Sin embargo, la arqueología submarina, en sus más recientes investigaciones, ha puesto de relieve la existencia de una evolución del proceso de construcción durante la época romana que enlaza la construcción sobre forro y la construcción sobre cuadernas gracias a unos pasos intermedios hasta hace pocos años desconocidos: la construcción alterna y la construcción mixta.

La construcción alterna, se usó posiblemente ya desde el cambio de era, como se deduce del estudio del barco romano de La Madrague de Giens (siglo I a. C.). Este sistema constructivo daba un papel activo a un número determinado de varengas. Estas se instalaban sobre la quilla, sujetas por pernos metálicos y sobre ellas se comenzaba a levantar parte del forro. Después, se colocaba un segundo grupo de varengas, ya sin unión con la quilla, y enclavijadas a las tracas de aparadura. El proceso se completaba alternando ambos sistemas constructivos, hasta llegar a la cinta de cubierta.

El método de construcción denominado mixto, documentado en barcos de los siglos VI y VII d. C., que veremos más adelante (Yassi Ada I y Pantano Longarini), sigue la construcción sobre forro en la parte inferior del casco, y la construcción sobre cuadernas en la parte superior.

Estas dos formas de construcción, mixta y alterna, dieron paso, entre los siglos VI al XII, al concepto definitivo de construcción sobre cuadernas, que es el que ha perdurado hasta nuestros días. Los barcos romanos a menudo eran construidos con doble forro de madera para conseguir mayor resistencia. También era frecuente, como se observa en muchos naufragios clásicos, añadir un forro de delgadas láminas de plomo para proteger la madera de la acción devoradora del mar. Otros elementos transversales, de los que solo tenemos evidencias arqueológicas en los barcos romanos de Laurons II, County Hall y Nemi, son los baos. Estos maderos soportaban la cubierta y evitaban que el forro del casco se abriera hacia el exterior o se plegase hacia el interior. Para sustentar los baos en su parte central se instalaban los puntales que apoyaban en la sobrequilla. Esta última pieza, que corría paralela a la quilla, sobre las cuadernas y varengas, era la encargada de fortalecer definitivamente la estructura longitudinal del casco. Además, sobre ella iba colocada la carlinga que alojaba la base del mástil, repartiendo así la presión de este en toda su longitud. La carlinga tenía una escopladura central que facilitaba el abatimiento del mástil cuando era necesario, a la vez que impedía todo desplazamiento del pie de mástil hacia popa cuando estaba actuando la vela.

La estructura longitudinal del casco quedaba reforzada, además, por otros elementos internos como son los palmejares y las panas, que actuaban como forro interior de la bodega, y otros externos, como las cintas, que eran gruesos maderos situados en la cara exterior del casco, a la altura de cubierta, para aguantar las cabezas de los baos.

Del bosque al mar

Los constructores de barcos griegos y romanos conocían muy bien las cualidades de cada madera con la que construían sus naves, y cuáles eran los usos más apropiados de cada especie según la función que iban a desempeñar en el casco de un barco.

Figura 5. Trabajos de documentación de los restos de un barco romano hallado en Ibiza.

Hay un texto de Teofrasto, filósofo e historiador griego del siglo IV a. C., que narra con detalle los usos de cada madera en la construcción naval. Según este autor, para los griegos, el abeto, la picea y el cedro eran las más utilizadas. Trirremes y grandes navíos se construían con madera de abeto. Sin embargo, para los grandes mercantes era más apropiada la madera de cedro por su durabilidad y fácil labrado, o el pino de Alepo, de gran resistencia y elasticidad. La quilla, según Teofrasto, se construía de roble, como hoy día. El olmo se utilizaba para las partes redondeadas de los navíos, por sus especiales condiciones de flexibilidad y su resistencia al agua. Las vergas y palos se solían construir a partir de troncos de abeto, por la longitud y rectitud de estos árboles. Finalmente, Las cuadernas se hacían de acacia que es recia y difícil de pudrir.

También Vitruvio, en su obra sobre arquitectura, hace alusión a la madera, explicando las cualidades de cada una de ellas. Del abeto dice que contiene mucho aire y mucho fuego, pero poca agua y poca tierra, por eso tiene poco peso y es suave y blando y de tablas muy rectas. Por su gran calor y cantidad de aire hace que sea pasto de carcomas, y fácilmente combustible e inflamable. El roble es, para Vitruvio, un árbol de componentes terrestres, con poca agua, poco aire y poco fuego. Por eso tiene una gran durabilidad y solidez.

Además de los textos de Teofrasto y Vitruvio sobre las características de la madera y su forma de trabajo en la construcción naval, la arqueología submarina, a través del estudio de las especies de madera utilizadas en cada embarcación, ha llegado a establecer una serie de usos y frecuencias algo distintas a las que Teofrasto proponía como idóneos. Por ejemplo, en toda la época greco-romana el pino era la madera más empleada por su facilidad de labrado y su resistencia junto con su rectitud y longitud. También el ciprés fue muy utilizado, encontrándolo incluso en piezas curvas como las cuadernas o el codaste. El abeto no fue tan utilizado como Teofrasto nos cuenta, usándose en época romana solo para construir las tracas del forro. El olmo, como el pino, fue utilizado para hacer quillas, cuadernas y forros, por su resistencia al agua y a los esfuerzos de torsión y compresión. Las maderas más duras, como el nogal, el arce, el haya o el fresno, son muy poco utilizadas, a excepción, por supuesto, del roble, que es frecuentemente empleado para elaborar las quillas y otras piezas que exigen gran resistencia, como las clavijas y llaves de las tracas del forro. Además, es la madera predilecta en la construcción naval del norte de Europa.

La selección de la madera comenzaba al pie del árbol, buscando en la masa forestal los que tienen la forma y dimensión adecuada para la pieza concreta que ha de construirse, evitando así la alteración de las propiedades mecánicas de la madera. Una vez seleccionados los árboles, se procedía a la tala. Se recomendaba cortar los árboles durante el período invernal respetando el tiempo de crecimiento. Un chopo podía ser cortado a partir de los treinta años, mientras que un abeto debía tener unos ochenta y un roble, más de doscientos. Teofrasto aconseja que los árboles para construcción sean talados cuando el fruto ha acabado de madurar, a excepción del roble que es el que más tarde ha de cortarse, al término del otoño. En todos los casos Teofrasto recomienda talar cuando la luna se ha puesto, porque entonces la madera está más dura y menos propensa a pudrirse. Según Vitruvio, la manera de cortar los árboles consistía en talarlos por el pie hasta la mitad del corazón y dejarlos en este estado algún tiempo para que la humedad inútil saliera y escurriera por la entalladura. Cuando el árbol estaba bien seco y no tenía más humedad podía ser abatido, y solo entonces estaría en condiciones de ser trabajado.

Como vemos, la complejidad de la construcción naval romana denota claramente la importancia que se concedió en esta época a las naves mercantes. La *Navis Oneraria*, término con el que se conoce la nave mercante romana, fue un elemento clave en la expansión comercial del Imperio romano. Su evolución en lo que se refiere a técnicas constructivas evidencia una constante preocupación por simplificar y abaratar el trabajo y la mano de obra cualificada, sin perder por ello calidad y resistencia en las embarcaciones.

Una flota especializada

Es difícil precisar hasta qué grado de especialización llegaron las naves romanas. Posiblemente, en un principio cualquier nave pudo servir para el transporte de mercancías, el de personas, o incluso para la guerra si era necesario. Sin embargo, hay un testimonio muy singular que nos ilustra sobre este tema. Se trata del mosaico de *Althiburos*, conservado actualmente en el Museo del Bardo en Túnez, que presenta más de una treintena de naves diferentes con los nombres latinos por los que eran identificadas en el siglo III d. C. Hay barcos dedicados al transporte de caballos llamados *Hippegos*; barcos correo como la *Tabellaria* o el *Tessararius*; cargueros como la *Corbita* y el *Ponto*; galeras mercantes como la *Actuaria*, el *Celox* y el *Phaselus*, y pequeñas embarcaciones auxiliares conocidos con los nombres de *Lenunculum*, *Levamentum* o *Linter*.

Por otro lado, el estudio de las formas de los barcos en este y otros mosaicos romanos presenta tres tipos diferentes de cascos en las naves de comercio. Un primer tipo está caracterizado por una roda convexa y una popa redondeada que se alza por encima de la proa. Un segundo tipo, menos frecuente, presenta también la roda convexa, pero con un perfil más simétrico entre proa y popa. El tercer tipo se diferencia por su roda cóncava que termina en forma de espolón, siendo la popa similar a la de los tipos anteriores.

La incorporación de este espolón a una nave mercante es difícil de explicar, quizá se tomase como mera imitación de la forma de las pequeñas embarcaciones en las que primero aparece o de las galeras de guerra, como forma de asimilación a la Armada. Quizá fuera una incorporación del artista, que asociaba atributos de los barcos de guerra a los mercantes. Aunque otra explicación más práctica podía ser su utilidad frente a la piratería. Algunos investigadores han apuntado la posibilidad de que no fuese realmente un espolón, sino un precedente del bulbo de los modernos petroleros. Este elemento elimina considerablemente la resistencia al avance al crear una ola que interfiere a la originada por la proa del barco. En cualquier caso, la forma de la proa y de la popa de los mercantes se aprovechaba para instalar los habitáculos y para añadir elementos decorativos como el cuello de cisne que remataba el codaste, algunas divinidades protectoras, ojos con sentido apotropaico, o escenas mitológicas, como la que muestra el magnífico relieve del *Portus Augusti* en Ostia.

La velocidad con que estos navíos se desplazaban a lo largo del Mediterráneo es también un tema tratado por los antiguos escritores romanos. Plinio nos describe algunos viajes de excepcional rapidez, que suponemos con las mejores condiciones de navegación: Ostia-África en dos días, con un recorrido de unas doscientas setenta millas marinas; Messina-Alejandría en cinco días y medio, con ochocientas treinta millas, y Ostia-Gibraltar en siete días, con novecientas cincuenta y tres millas. Estas travesías nos dan una velocidad media de navegación de unos seis nudos. Sin embargo, en viajes con condiciones desfavorables de viento un mercante no podría sobrepasar los tres nudos y medio, y tardaría de siete a diez días en recorrer cuatrocientas millas.

Para gobernar el rumbo en las navegaciones, las naves romanas utilizaban un timón lateral en cada aleta (*guberna-culum*). La mecha del timón giraba dentro de una caja que impedía cualquier movimiento lateral. Esta caja se construía sobre los baos sobresalientes de la popa. El timón era asegurado por un estrobo que permitía regular la altura de la pala respecto al agua. Se accionaba girando la caña (*clavus*) para establecer la posición adecuada. El timonel podía soportar así la fuerza ejercida por el agua.

La propulsión de las naves romanas se conseguía mediante una vela cuadra y una pequeña vela en proa a modo de trinquete llamado *artemon* que se usa desde el siglo I d. C. El mástil central se instalaba hacia proa, a tres octavos de la eslora, apoyando en la parte de proa de la escotilla central. Tan solo hay una representación iconográfica en uno de los mosaicos de la plaza de Las Corporaciones en el puerto de Ostia en el que aparece un barco romano con tres palos.

La sujeción de los mástiles al casco del navío se hacía mediante los obenques, a los costados, y el estay a proa, tal como se ha mantenido en los barcos de vela modernos. Este tipo de cabos se conoce con el nombre de jarcia firme (*rudens*).

Las velas llevaban en sus cuatro lados (caídas, gratil y pujamen) unos cabos cosidos que hoy conocemos con el nombre genérico de relingas. En cada esquina inferior se colocaba una escota (*pes*) y en las superiores las brazas (*opifera*) para maniobrar la vela en sentido lateral. El gratil de la vela se unía a la verga (*antemna*) a base de ollaos y enverges. Para subir o bajar la verga estaban los amantillos, que iban desde la parte superior del mástil hasta cada penol (*cornu*) de la verga. Su maniobra era facilitada por una serie de motones y cuadernales que funcionaban coordinados como aparejo de fuerza. Algunas poleas de este tipo han sido halladas en excavaciones submarinas y, contrastadas con las representadas en la iconografía, presentaban muy pocas diferencias con las utilizadas en la marina de los siglos XVIII y XIX.

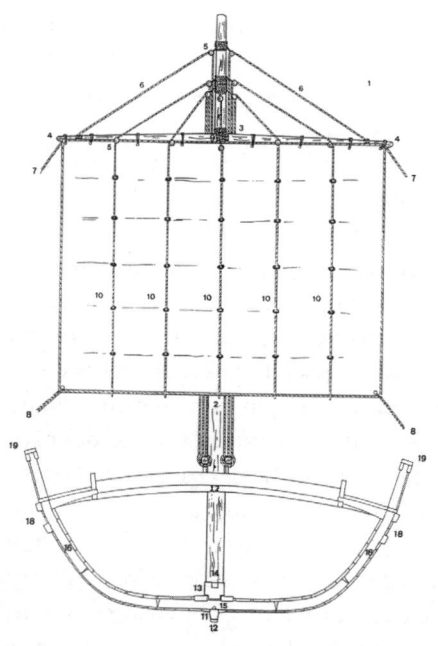

1. Velamen	8. Escotas	15. Varenga
2. Mástil	9. Verga	16. Cuaderna
3. Jarcia	10. Brioles	17. Bao
4. Penol de la verga	11. Quilla	18. Cintones
5. Motones	12. Zapata de la quilla	19. Borda
6. Amantillos	13. Sobrequilla	
7. Brazas	14. Pie del mástil	

Figura 6. Sección y aparejo de un mercante romano.

Para poder cargar la vela en caso necesario, esta iba pro-vista de brioles que recorrían toda su superficie y pasaban por unos anillos cosidos que funcionaban, en conjunto, a modo de cortina veneciana. Esta maniobra podemos verla en el relieve de *Naevoleia Tyche*, en Pompeya. Estas cargaderas solían representarse como un cuadriculado de cabos sobre la vela *(retinaculum)*. Según las fuentes escritas, los barcos alejandrinos fueron los primeros en incorporar un nuevo tipo de velamen, el *supparum*, dos pequeñas velas de gavia de forma triangular instaladas sobre la vela mayor.

Se ha supuesto siempre que la vela cuadrada era el único tipo de vela usado en época greco-romana, sin embargo, algunos relieves funerarios muestran que esto no es del todo cierto. La vela al tercio o de botavara que se instala en un mástil colocado a proa, fue puesta en funcionamiento en pequeñas embarcaciones.

Otros accesorios para la navegación, que conocemos gracias a la arqueología submarina, son las anclas, para fondear; los escandallos, para conocer la profundidad y el tipo de fondo, y las bombas de achique, para facilitar la salida de agua de la sentina.

El ancla es un elemento fundamental, no solo para fondear la embarcación, sino también para casos de emergencia en los que el capitán del barco pretendía sujetar la nave ante un posible temporal. Las anclas que conocemos de época romana son de varios tipos, aunque el más utilizado era el ancla de alma de madera con cepo de plomo fijo y zuncho también de plomo. La unión entre el alma y el cepo se con-seguía virtiendo el plomo en un molde realizado alrededor del alma. El plomo, además de ser un material de fácil aprovisionamiento, tenía dos propiedades fundamentales que lo hacían idóneo para esta función: por un lado, era un material muy denso y fácil de fundir y, por otro, no se corroía con el contacto del agua del mar.

La arqueología submarina ha recuperado numerosos cepos de plomo en todo el Mediterráneo, fechados fundamentalmente entre los siglos II a. C. y II d. C. En casi todos los casos, estos cepos han aparecido aislados y siempre sin el alma de madera. Tan solo en el lago Nemi se encontró un ancla romana completa. Esta llevaba, además, un arganeo de plomo para amarrar el cabo del ancla.

Los cepos solían tener inscripciones y decoraciones figurativas que hacían alusión a la buena fortuna del navegante; el motivo más común utilizado era la figura de un delfín. Además, estas inscripciones indicaban el peso del cepo o las iniciales del propietario del barco y, en algún caso, el nombre del navío, que casi siempre era el de una divinidad. También con plomo se construían los escandallos o sondas, que servían para determinar la profundidad del fondo marino. Este sencillo instrumento tenía forma cónica y la oquedad de su base permitía además recoger muestras del tipo de fondo, gracias a una capa de resina o brea que adhería la arena o los guijarros.

Por último, había otro accesorio en los barcos romanos de vital importancia. Se trata de la bomba de achique *(sentinaculum)*. El uso de las bombas ha sido documentado en algunos yacimientos submarinos desde el siglo I a. C. Eran utilizadas para la evacuación de las aguas que se almacenaban en el fondo de la bodega, sobre la quilla. El sistema consistía, básicamente, en elevar el agua acumulada por medio de la rotación de una cadena de discos que se movía dentro de dos cilindros, uno de subida y otro de bajada. De esta forma, el agua era conducida a un punto determinado donde podía ser evacuada fuera del casco, por un sistema de tuberías de plomo. Los discos funcionaban creando un efecto de succión que permitía un ascenso regular del agua.

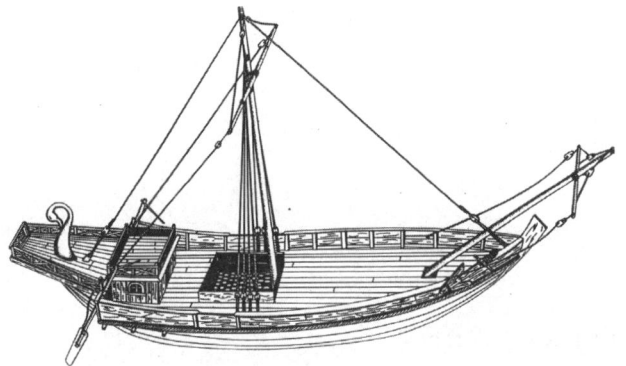

Figura 7. Dibujo del casco de un barco romano.

La bomba de achique se colocaba en la zona de popa de la embarcación, resguardada, a veces, con una caja de protección, como la encontrada en el barco de Laurons II, y para que el agua discurriera con facilidad sobre la quilla, en las varengas se practicaban unos agujeros o groeras que permitían el paso del agua hasta llegar a la bomba.

6. La isla de las ratas

Bizancio y el mar

En el año 395 el Imperio romano se dividió en dos. El occidental cayó en manos de los pueblos germanos del centro y el norte de Europa hasta devastar Roma en el año 455, el oriental sobrevivió. El Imperio bizantino presenta aún muchas lagunas para la historia. Es un mundo en el que convergen muchas culturas, en el que se unen y fusionan las costumbres de Oriente y de Occidente.

Las ciudades griegas bajo dominio romano supieron conservar su personalidad y consiguieron sobrevivir a la destrucción de la mismísima Roma. Los bizantinos de Constantinopla pudieron consolidar su cultura hasta la Edad Media mientras en Occidente las invasiones bárbaras acababan con la majestuosidad del Imperio romano. Bizancio se convirtió, entonces, en la cuna de una nueva cultura con el cristianismo como religión oficial. Una religión que luchaba sin resultados contra los predicadores aislados, los monjes y las doctrinas paganas. La teología se transformó, poco a poco, en una ciencia racional frente a la irracionalidad de la herejía. Con el emperador Justiniano, Bizancio se hizo fuerte. El Imperio expandió sus fronteras, llegando a recuperar el control del Mediterráneo. El dromon, la nave de guerra bizantina y su arma mortífera, el fuego griego inflamable, mantuvo a raya a los enemigos del Imperio y permitió restablecer el comercio marítimo hasta que, en el siglo XIII, Constantinopla cayó definitivamente ante el poder de los cruzados y Bizancio se vio dominada por Génova y Venecia.

Yassi-Ada I

Las huellas arqueológicas del comercio marítimo de los bizantinos en el Mediterráneo son muy escasas. Tan solo se ha documentado un barco hallado en las costas de Turquía, frente a la peligrosa isla denominada Yassi-Ada. Allí reposan los restos de una nave que ha pasado a la historia de la arqueología submarina gracias a George Bass. La isla de Yassi-Ada es conocida por sus naufragios, es un punto negro en el litoral en el que naves de todas las épocas han perecido violentamente al chocar contra los bajos que la rodean.

En 1958 Peter Trockmorton y Honor Frost visitaron el lugar, conducidos por pescadores de la zona, y en el verano de 1961, George Bass, el arqueólogo americano que había excavado los restos del barco hallado en Kelidonia, comenzó su excavación. En esta ocasión contó con la inestimable ayuda de un especialista en construcción naval antigua, Fred Van Doorninck con el que más tarde colaboraría también

Richard Steffy. Instalaron un campamento en la misma isla de Yassi-Ada, «la isla de las ratas», y pasaron allí cuatro largas campañas de excavación rescatando los restos de la nave bizantina mientras mantenían a raya a los incómodos roedores. George Bass llevó a la pequeña isla todo tipo de artilugios habituales en la arqueología de tierra, pero desconocidos para los buceadores que iban a colaborar en la excavación. Había piquetas, cintas métricas, lápices, tablillas de dibujo, cepillos de alambre, cestas, rejillas para cribar y otros instrumentos que él mismo había utilizado por primera vez en una excavación arqueológica submarina, como las mangueras de succión de sedimentos o los globos para subir objetos pesados a la superficie.

Frente a la isla y justo encima del naufragio, situado a treinta metros de profundidad, Bass fondeó una embarcación de ochenta toneladas desde la que se iban a realizar todas las operaciones de buceo. La primera tarea fue la de limpiar cuidadosamente la zona, una vez reticulada, para tener una referencia espacial y no dejar ningún rincón sin excavar. A pocos centímetros de la superficie del fondo marino aparecieron las primeras ánforas. Estaban intactas y había novecientas. Antes de izarlas a superficie, las novecientas ánforas fueron numeradas y etiquetadas de una en una. Después, se fotografiaron por cuadrículas y, finalmente, se posicionaron por triangulación topográfica para dibujarlas en un plano a escala. La pendiente del fondo dificultó enormemente las operaciones de dibujo planimétrico, obligando a hacer complejos cálculos para encajar todo el plano.

Cuando la primera capa de ánforas quedó perfectamente documentada, se procedió a la extracción de un centenar como muestra. Bass había fabricado unos ascensores de objetos con grandes cestas hechas con aros de bicicleta. Con ellos se subieron las pesadas ánforas llenas de sedimento, además de pulpos, morenas y congrios. Como había sospechado Throckmorton, bajo las ánforas quedaban restos del casco de madera de la embarcación que procedieron a identificar y etiquetar. Esta tarea supuso una gran cantidad de inmersiones, al igual que la de fotografiar mediante una torreta todas y cada una de las cuadrículas que contenían restos de madera. Fue un trabajo lento y minucioso pero el resultado mereció la pena.

De una campaña a otra, el casco se protegió con una capa de arena, una red y piedras para sujetarla. Por primera vez se utilizó la estereofotogrametría para documentar los restos de un barco hundido y poder configurar un foto-mosaico de todo el casco. Para ello, se usaron dos cámaras que se desplazaban verticalmente a los restos a través de una barra nivelada, para obtener pares de fotografías. Así se documentaron las maderas, los clavos, los pernos, los orificios y los escarpes de unión entre las tablas. También, se tomaron muestras de las maderas del barco para saber con qué especies se había construido cada pieza.

Finalmente, la excavación, que duró cuatro años con un total de tres mil quinientas treinta y tres inmersiones, fue todo un éxito, aunque hubo un incidente que podía haber acabado en tragedia. Uno de los buceadores locales realizó una subida demasiado rápida y sufrió un accidente de descompresión. Esto era algo común entre los pescadores de esponjas que aún en los años sesenta desconocían las verdaderas reglas de la descompresión. El equipo de Bass utilizaba siempre las tablas de descompresión de la Marina de los Estados Unidos con escrupulosa rigurosidad, pero imponer esta disciplina a los buceadores locales no era nada sencillo. La situación se agravó al no disponer de una cámara de descompresión en superficie para tratar este tipo de accidentes. No quedó otra alternativa que trasladar al buceador hasta Estambul en avioneta, volando muy bajo para no agravar al herido con la despresurización. En cuarenta y ocho horas de tratamiento, en la cámara hiperbárica de la base naval estadounidense en Estambul, el buceador estaba milagrosamente restablecido.

Finalizada la fase de excavación comenzó otra no menos emocionante, el estudio de los dibujos y fotografías del casco del barco y la identificación del cargamento para establecer su fecha de hundimiento y su ruta de navegación.

En la mesa del arquitecto Van Doorninck y del especialista en construcción naval Richard Steffy estaban todos y cada uno de los planos obtenidos durante los cuatro años de inmersiones. Un verdadero puzle que debían ordenar para entender cómo era aquel barco bizantino cargado de ánforas que, a juzgar por las inscripciones, transportaba alimentos tan variados como arroz, lentejas o vino aromatizado con anís.

Lo primero que reconstruyó Van Doorninck fue la cocina del barco, situada a popa, bajo la cubierta. Entre las maderas del casco en esta zona estaban las cerámicas de uso cotidiano en la cocina de un barco. Había platos, copas, jarras de pico, ánforas de vino, ollas de fondo redondo, dos grandes calderos de bronce, una enorme jarra de agua y dos bolsas de cuero que aparecieron muy cerca de un grupo de cincuenta y cuatro monedas de cobre y dieciséis de oro.

Otro grupo de objetos que Van Doorninck situó en el plano de la excavación fueron las anclas. El barco llevaba once anclas de hierro de tres tamaños diferentes perfectamente apiladas. Y, también, aparecieron numerosas herramientas del carpintero: hachas, martillos, picos, punzones, escoplos, limas, cinceles, barrenas y clavos. Además, Bass descubrió los nombres de dos de los tripulantes del barco. Uno de ellos estaba inscrito en una balanza de bronce hallada entre las ánforas: «Georgio el Mayor. Dueño. Capitan de Mar». El otro era «Joannes», cuyo nombre apareció en un sello de plomo. Después Van Doorninck se dedicó a la parte más compleja, la reconstrucción de todo el casco de madera y la interpretación de su proceso de construcción.

En opinión de Bass, el barco de Yassi-Ada I, o el barco de Georgios, como le apodaron, se hundió en el año 626 después de Cristo. Se trataba de una pequeña nave bizantina, de apenas veinte metros de eslora capaz de transportar sesenta toneladas de cargamento, unas novecientas ánforas con su carga. Venía del norte, quizá de Thasos, navegando en dirección a Halicarnasos (Bodrum), cuando un temporal debió sorprenderles junto a la peligrosa isla que dio nombre al hundimiento sin dejarles tiempo de sacar ninguna pertenencia.

7. Serçe Limani

La nave cargada de vidrio

La infatigable aventura arqueológica que había llevado a George Bass hasta tierras turcas para excavar el barco de la Edad del Bronce en Ulu-Burum, o el hallado en cabo Kelidonia, no iba a detenerse con el barco bizantino de Yassi-Ada. En 1977, el mismo equipo norteamericano descubrió los restos de una nave del siglo XI cargada con piezas de vidrio, a treinta y dos metros de profundidad.

Un siglo después del hundimiento del barco de Yassi-Ada, el Mediterráneo oriental estaba en manos de un nuevo poder y una nueva religión: el Islam. Bajo el dominio musulmán el comercio marítimo tardó varios siglos en restablecerse, aunque jamás alcanzó las proporciones de la época romana. Pero no existían restos arqueológicos significativos de ninguna embarcación desde entonces hasta el hallazgo del barco de Serce Limani, que debió hundirse en el año 1024 aproximadamente.

Era una embarcación pequeña, de apenas quince metros de eslora, con formas muy redondeadas, que albergaba un rico cargamento compuesto por tres toneladas de objetos de vidrio manufacturados y piezas de vidrio en bruto. Una colección única por su belleza y la variedad de sus colores y formas. También, se encontraron jarras cerámicas de procedencia islámica, ánforas del tipo bizantino con inscripciones en griego y armas, herramientas y objetos de adorno personal entre los que destacan varias espadas de hierro con empuñadura de bronce, hachas y lanzas, monedas de oro, sellos de plomo, plomos de red, una aguja, unas tijeras, una liendrera de madera, una navaja de afeitar, cinco anillos de plata y un pendiente de oro.

Los objetos de vidrio estaban absolutamente destrozados y mezclados entre sí. George Bass en su libro *Bajo los siete mares* habla de este hallazgo diciendo:

> Deje caer al suelo una bombilla. Intente reconstruirla. Deje caer al suelo tres bombillas. Intente después reconstruirlas. Deje caer al suelo seis bombillas, cuatro vasijas de cristal y una docena de botellas de vino, mezcle los fragmentos e intente reconstruir los objetos como si fueran nuevos.

A este problema se enfrentó Bass y su equipo, en 1977, cuando decidieron ordenar el millón de fragmentos de vidrio del yacimiento que correspondían a unos veinte mil recipientes de vidrio. Unas tres toneladas de vidrio liso, vidrio con hoyuelos, vidrio con estrías, vidrio de color verde, vidrio de color púrpura... un verdadero puzle de cristal.

En opinión de sus investigadores, y a juzgar por el cargamento y por algunas marcas encontradas en las anclas, la nave era musulmana. Pero también había monedas bizantinas, cerámicas con letras griegas y pesas de plomo de pescar con símbolos cristianos que complicaban la atribución cultural de esta pequeña embarcación o que evidenciaban una mezcolanza de gentes y religiones que quizá convivieron con más normalidad de la que creemos.

La nave debió partir de las cercanías de Constantinopla en dirección a un puerto sirio palestino como es el de Cesarea. En su trayecto un temporal pudo arrojarla contra las rocas en la costa de Turquía.

8. Vikingos bajo el mar

Ataúdes en forma de barco

En 1867, los propietarios de una pequeña granja situada a
en la orilla oriental del fiordo de Oslo decidieron allanar
un montículo de tierra que entorpecía sus labores agrícolas.
Cuál no debió ser su sorpresa cuando descubrieron que el
montículo encerraba dentro de sí un enterramiento vikingo
con los restos de una embarcación completa perfectamente
orientada en dirección norte-sur. En la popa de la nave se
había instalado una cámara funeraria en la que yacían los huesos carbonizados de un hombre y un caballo. Por desgracia,
los restos de madera se fueron deshaciendo con el tiempo
sin que nadie avisase de su existencia. Cuando el equipo de
arqueólogos de la Universidad de Oslo conoció el lugar, ya
no quedaba prácticamente nada de la embarcación.

Años más tarde, en 1880, al otro lado del mismo fiordo,
se descubrió otro montículo que hizo sospechar a los veci-

nos que allí había un tesoro escondido. Esta vez hubo más suerte. Los arqueólogos consiguieron rescatar casi todo lo que quedaba de la nave y transportaron sus restos en dos grandes carros hasta la ciudad de Oslo. El barco de Gokstad se mantenía en un estado de conservación magnífico. Las propiedades del suelo en el que había sido enterrado lo habían permitido. En su interior, se encontraron los restos de un hombre de unos cincuenta años, yaciendo en su cama con sus armas alrededor. También, se hallaron los restos de tres pequeños botes de madera. Fuera del barco estaban los huesos pertenecientes a doce caballos y seis perros. Los objetos de valor que pudieron acompañar al cadáver del hombre fueron saqueados en la Antigüedad.

Un tercer túmulo con otra nave escandinava apareció en 1903 en muy buen estado de conservación. El barco de Oseberg estaba muy completo, pero el peso del túmulo lo había partido en varios trozos. Era una nave principesca profusamente decorada con una cámara funeraria ocupada por dos mujeres, una joven y otra anciana, con un ajuar femenino compuesto por tijeras, telas, útiles de cocina, almohadones y colchas. Junto a la cámara funeraria había un carro y un trineo, y fuera del barco los huesos de trece caballos, tres perros y un buey. El oro y las joyas, que seguramente vestían las dos mujeres, fueron robadas por los saqueadores.

Esta misma tradición de enterrar a los nobles con sus ajuares en barcos cubiertos por túmulos de tierra quedó patente en el hallazgo del enterramiento anglosajón de Sutton Hoo, en Suffolk, cerca de Londres, donde apareció, en 1938, un rico tesoro de oro y granates y las huellas en la tierra de la forma de un barco de veintitrés metros de eslora cuyas maderas se habían perdido por completo. La segunda guerra mundial obligó a detener las excavaciones de Sutton Hoo y reanudarlas mucho más tarde, en los años sesenta. Como se trataba tan solo de la huella de las maderas del barco y no el barco en sí, no quedó otra alternativa que realizar un vaciado de la tierra y su impronta en forma de barco. El resultado fue excepcional. La nave del siglo VII resucitó de la arena para convertirse en un gran molde de fibra de vidrio. La otra nave anglosajona que se conoce fue encontrada en 1970 en un lugar de fango y lodo junto a Graveney, perteneciente al condado de Kent. En este caso, no se trataba del barco de un rey, sino, más bien, de una nave mercante abandonada en un antiguo canal. El Museo Marítimo Nacional de Greenwich y el Museo Británico se encargaron de la excavación y del traslado, pieza a pieza, de las cuadernas y las tablas del forro del casco. Los análisis de carbono catorce revelaron la fecha de construcción del barco, que podría fijarse en el año 900.

Los barcos vikingos de Roskilde

Pero el hallazgo más sorprendente en la historia de la arqueología naval del norte de Europa fueron los barcos vikingos hallados, en 1956, en el fiordo de Roskilde (Dinamarca) por unos buceadores daneses. El hallazgo se componía de cinco barcos fechados entre los siglos X y XI que yacían juntos en el fondo del canal, soportando, en un estado muy débil, las corrientes submarinas que los habían ido deshaciendo poco a poco.

Ole Crumlin-Pedersen y Olof Olsen, directores de la operación, decidieron entonces convertir lo que iba a ser una excavación arqueológica submarina, con la dificultad añadida del frío y la falta de visibilidad, en una excavación terrestre como las que se habían hecho en los barcos hallados bajo los túmulos noruegos. Para ello, se construyó un gran dique pentagonal que delimitó la zona de los hundimientos. En 1962, el encofrado que protegía a los barcos vikingos estaba listo. Solo había que vaciar los tres metros de agua que cubrían las naves. La excavación procedió con mucha cautela, ya que las maderas estaban muy deterioradas y podían sufrir especialmente con un cambio de medio tan brusco. Primero, se retiró la capa de lodo y piedras y, después, un estrato estéril de arena. Sobre las maderas descubiertas de los barcos se instalaron una serie de pasarelas para poder excavar sin pisarlas, y unas mangueras de agua que las mantenían permanentemente húmedas. Una vez limpias, las maderas se fueron identificando y etiquetando, una a una, para ir desmontando las cinco naves poco a poco. Cada pieza se guardó en un recipiente plástico con agua y se transportó, de inmediato, hasta la costa cercana. La operación duró varios meses hasta que, finalmente, las cuatro mil piezas de madera y algunos objetos llegaron a Copenhague el día 17 de octubre de 1962. Aquel día empezaba otra aventura, la de reconstruir, restaurar y conservar un material tan delicado y sensible como la madera saturada en agua.

Por fin, después de un largo tratamiento de conservación, las cinco embarcaciones fueron expuestas en el Museo de Roskilde, construido a propósito para albergar el legado naval de los vikingos. Todas responden a una tradición constructiva similar, aunque con ciertas particularidades ya que se trata de cinco barcos con funciones muy distintas. Son naves preparadas para navegar a vela, fundamentalmente, aunque para entrar en puerto o hacer algunas maniobras muy concretas utilizaban los remos, con un timón lateral compensado situado en la popa de la embarcación.

Pero, si algo distingue a las naves vikingas, como a las anglosajonas, es el sistema de construcción del casco hecho «a tingladillo». Las maderas del forro se colocan partiendo de la quilla, pero los cantos de las tablas no van a tope, sino solapados. Después, cuando ya está configurado el forro, se tallan las cuadernas a medida para introducirlas en el casco ya construido. Esta tradición constructiva perdurará durante siglos en toda la Europa del noroeste. Las naves de Roskilde son un repertorio de tipos de barcos vikingos. Hay una nave mercante estilizada, pero con gran capacidad de carga, y de construcción muy sólida, hecha de pino y roble, del tipo denominado Knarr. Tenía dieciséis metros y cincuenta centímetros de eslora, y tres metros y veinte centímetros de manga. Otra de las naves era también mercante, aunque algo más pequeña y de menor resistencia, con trece metros y ochenta centímetros de eslora, y tres metros y ochenta centímetros de manga. Este era un barco más panzudo y lento al navegar. El barco número 2 corresponde claramente a una nave de guerra. Es el peor conservado de los cinco, pero su eslora, de treinta metros de longitud, así lo sugiere. El naufragio número 4 era una pequeña nave de pesca o de transporte con apenas once metros de eslora. Y, finalmente, la nave número 5 es la más ligera, con diecisiete metros y cuarenta centímetros de eslora, y dos metros y sesenta centímetros de manga. Una nave estrecha y alargada preparada para alcanzar grandes velocidades. Tiene el fondo liso, a diferencia de la nave de Gokstad, preparado para varar en las playas. Quizá por eso, este barco de guerra tenía la quilla tan desgastada.

En todos ellos aparecen los baos, que servían de bancos para los remeros, y unas pequeñas portas circulares por las que asomaban los remos.

Con naves como las de Gokstad, Oseberg o Roskilde, estas gentes del norte surcaron los mares más duros de la Tierra, llegando hasta Islandia, Groenlandia y Terranova, y tuvieron que enfrentarse a sus enemigos en terribles batallas navales protegidos por sus dioses Thor y Odín.

9. El Mediterráneo medieval

Cocas, Carracas, Naos y Carabelas

Durante la Edad Media se dan una serie de avances fundamentales en los instrumentos de navegación, en la construcción naval, en la cartografía y en la orientación astronómica que permiten el salto definitivo a la navegación ultramarina. La brújula, el timón de codaste y la construcción sobre cuadernas son tres de estos avances.

Hasta el siglo XIII, la tradición de la construcción naval estaba dividida entre el Mediterráneo y el Atlántico. Es entonces cuando los acontecimientos históricos y las relaciones comerciales crecientes acercan estos dos mundos que habían seguido caminos muy distintos a la hora de construir sus barcos. En el Mediterráneo la construcción a tope, en el Atlántico y el norte de Europa la construcción se hace a tingladillo. Y en ambas, el timón lateral como forma de gobierno. Ni los barcos vikingos o anglosajones, ni los bizantinos utilizan el timón de codaste, colocado en el extremo de popa de la quilla.

Las formas de estas naves son planas, lo que les permite varar en las playas con facilidad y lo que evidencia que esta era su forma de navegar. Pero, si se quiere transportar un gran cargamento, estas naves no sirven. Y si se quiere navegar siguiendo un rumbo determinado y maniobrar con eficacia con una nave de grandes dimensiones, tampoco sirven.

El timón de codaste soluciona estas deficiencias y permite además el aumento del tonelaje. Desde comienzos del siglo XIII, las representaciones navales muestran este sistema de gobierno en los sellos, las pinturas o las monedas de la época. Se trata de un gran timón, fuertemente remachado, instalado en el codaste, que recoge con eficacia los filetes de agua que genera el casco del barco al navegar. Por medio de una barra situada en el interior del casco, el timonel puede mantener un rumbo fijo con el timón orientado en un ángulo concreto, el marcado por la recién incorporada brújula imantada, graduada en trescientas sesenta divisiones, y por el cuadrante, que permitía medir el ángulo formado por el Sol o la Estrella Polar con el barco y el horizonte. En esta época, también se ve cómo las naves se fortifican poco a poco con la construcción de castillos en proa y popa. El de popa, mucho mayor y más confortable, se utiliza, además, para albergar los habitáculos de los pasajeros importantes y el del capitán del barco. Junto con el aumento del tonelaje de las naves aumenta, también, el aparejo y la arboladura. Nacen en estos siglos embarcaciones tan emblemáticas como las carracas, las galeotas, los pánfilos, las carabelas, las naos y las cocas. Un ejemplar único de este último tipo de barco es el hallado en Bremen, durante las operaciones de dragado del puerto. Era una coca hanseática fechada en el año 1380, que nunca se terminó de construir. Por supuesto, no tenía cargamento, y lo que los arqueólogos encontraron en su lugar fueron herramientas de los carpinteros de ribera abandonadas y un tonel de brea para calafatear el casco.

El barco quedó encallado en el río Weser (Alemania), y sus restos hoy descansan en el Deutsches Schifffahrtsmuseum de Bremerhaven. Era una nave panzuda con timón de codaste, construida a tingladillo con tablas de escasa longitud aseguradas por clavos a las cuadernas. Un ejemplar único para conocer la construcción naval medieval en el norte de Europa. Desde al hallazgo de esta coca se han podido identificar los restos de otras naves, como la del puerto de Kalmar del siglo XIII, hallada entre el fango de la costa sudeste de Suecia; la descubierta en el fiordo de Kolding, en Dinamarca, o la de Vejby, localizada en una playa al noreste de Copenhague, entre otras.

Culip VI y Les Sorres

Otros hallazgos interesantes de barcos medievales se han producido en España. Las últimas excavaciones realizadas por el Centro de Arqueología Submarina de Cataluña dieron como resultado el hallazgo de dos embarcaciones medievales, Culip VI y Les Sorres. La primera de ellas apareció en la costa del cabo de Creus (Cadaqués), zona de sobra conocida por las prospecciones que este Centro ha venido realizando en los años ochenta y por las excavaciones de un barco romano conocido como Culip IV. Este barco medieval fue objeto de varias campañas de excavación entre 1988 y 1990.

La segunda embarcación apareció de forma inesperada en el transcurso de las obras de construcción del canal olímpico de piragüismo de Castelldefels a finales de 1990.

Según las investigaciones realizadas, el mercante de Culip naufragó cuando transportaba mercaderías entre algún puerto musulmán del reino Nazarí y el área del Rosellón. La recuperar la mayor parte del cargamento, quedando hoy escasos restos de cerámica, huesos y algunas piedras de lastre. Estos elementos datan el yacimiento a finales del siglo XIII.

Pero lo más interesante de este yacimiento es la estructura del casco que aún queda en excelente estado de conservación. Se trata de una nave elaborada con más de quince tipos distintos de madera, con una sólida estructura construida sobre cuadernas. En este sistema, empleado en el siglo IX en todos los barcos conocidos y ensayado desde el siglo VII, las cuadernas son el elemento constructivo principal, y el forro, una forma de cerrar esta estructura. En el caso concreto del barco medieval de Culip, estas cuadernas se fueron instalando según un orden prefijado en función de las medidas totales del barco. Este orden ha quedado patente en una serie de marcas que los arqueólogos que hicieron la intervención, dirigidos por Javier Nieto, pudieron apreciar en las cuadernas. Se trata de una marca vertical que centra la cuaderna sobre la quilla, otra que sitúa el final del plan y una numeración romana que indica un orden de colocación desde la cuaderna maestra hacia proa y desde la cuaderna maestra hacia popa.

El dibujo del casco que el equipo de Nieto realizó era tremendamente minucioso. Para sacar las formas internas del casco, es decir, la curvatura de cada una de las cuadernas y de los espacios entre cuadernas, denominados claras, idearon un conformador de una longitud igual a la manga del casco. Era un enorme peine con grandes varillas metálicas situado sobre la estructura cuadrangular que rodeaba el barco. Para tomar los datos, se colocaba el peine sobre la cuaderna y se bajaban todas las varillas hasta que tocaban la madera. Después, se anotaba la medida de cada varilla con respecto a la línea horizontal en la que iban sujetas. Estas medidas representaban la curvatura exacta de la cuaderna con respecto a un plano horizontal situado por encima del casco. Una forma rápida y precisa de obtener la forma interna del casco. También, se dibujaron las tablas del barco longitudinalmente. Una a una, señalando el lugar de cada clavo, cada perno, cada escarpe y cada junta. Finalmente, los datos se pasaron a un plano escala 1:20 que integraba toda la información planimétrica y todas las secciones transversales. El otro gran hallazgo medieval estudiado por el equipo de Nieto es el barco de Les Sorres X. Una pequeña nave de diez metros de eslora y un metro y noventa centímetros de manga, fechada en el siglo XIV. Esta embarcación de cabotaje transportaba jarras que contenían conservas de pescado. La mayor parte de este cargamento fue recuperado en la misma época del hundimiento.

Esta embarcación construida, como la de Culip VI, mediante el sistema de cuadernas, también presenta marcas del carpintero en las varengas. La carlinga está elaborada a partir de una única pieza instalada en la sobrequilla y, a juzgar por los restos conservados, esta nave usó dos tipos de timón, uno lateral y otro axial en el codaste. La excavación de Les Sorres no fue una excavación subacuática, pero tampoco fue una excavación totalmente seca. El nivel freático subía continuamente y encharcaba el casco. Nieto tuvo que desarrollar un sofisticado sistema de drenaje alrededor del yacimiento para mantener la estructura húmeda, pero no inundada, durante el proceso de excavación. El resultado fue un éxito y la embarcación pudo ser documentada totalmente antes de su extracción.

Estos dos hallazgos, Culip VI y Les Sorres X son dos piezas fundamentales para entender la construcción naval medieval. Una etapa de transición y grandes cambios en la navegación y en las naves que comienza con la generalización del método de construcción sobre cuadernas o «de esqueleto» y que culmina con la incorporación del timón de codaste.

Culip VI y Les Sorres X se unen así a la escasa lista de yacimientos medievales conocidos en el Mediterráneo. Esta escasez de barcos medievales hundidos conservados, frente a los más de doscientos romanos, podría deberse a que el tipo de envase comercial utilizado en la Edad Media era el tonel de madera, de fácil destrucción bajo los efectos del mar, frente a la tradicional ánfora greco-romana, recipiente cerámico indestructible y, por tanto, protector del casco del barco a lo largo de los siglos de permanencia bajo el agua.

10. El *Mary Rose*

El barco de Enrique VIII

Durante los siglos posteriores a la Edad Media, los barcos de guerra evolucionaron rápidamente para adaptarse a la incorporación de piezas de artillería que hasta entonces solían ser muy poco numerosas. Los arqueros y la lucha cuerpo a cuerpo iban quedando atrás. Los nuevos barcos de guerra se habían convertido en verdaderas fortalezas armadas con potentes cañones. Desde el punto de vista táctico, esta era una evolución lógica, pero desde la mirada del constructor de barcos, llenar las cubiertas de cañones y aumentar el peso del barco en la zona superior a la línea de flotación era una verdadera locura. Los cañones suponían un gran peligro para las naves, puesto que significaban la incorporación de toneladas y toneladas de pólvora, con el consecuente riesgo de incendio y explosión. Además, los cañones necesitaban portas, que podían abrirse por accidente y permitir la entrada de agua al escorarse el barco.

En el *Mary Rose,* una de las naves de guerra de la armada de Enrique VIII, todos eran conscientes de estos peligros, pero no tenían más opción que convivir con ellos. Esta nave era, en realidad, una vieja carraca capaz de desplazar algo más de seiscientas toneladas. Inicialmente, iba artillada con piezas típicas de la defensa en tierra, con las que protagonizó varios enfrentamientos navales con resultado victorioso. Pero en el año 1536, el *Mary Rose* fue reparado y reconstruido, casi por completo, para artillarlo con la última tecnología del momento. Se le instalaron cañones de bronce y de hierro de todos los tipos y calibres, además de las armas tradicionales a base de arcos y flechas. Dos de sus cuatro cubiertas habían sido provistas de portas para disparar con la artillería, un peligroso adelanto para la época, pues acercaba los cañones a la línea de flotación en lugar de asomarlos por encima de la cubierta o por el castillo de popa como se hacía hasta entonces.

Unos años después de su reforma, el *Mary Rose* se enfrentó en Portsmouth a la flota francesa. El propio Enrique VIII fue testigo de la batalla asomado a las almenas del castillo de Southsea. El rey estaba convencido de que su armada vencería sin problemas y le daría una nueva victoria sobre el enemigo. Sin embargo, de repente, cuando aún no habían comenzado aun los disparos, el *Mary Rose,* su nave más preciada escoró peligrosamente. Los cañones se movieron. La inclinación de la nave aumentó en unos instantes, sin tiempo para poder cerrar las portas recién abiertas para la batalla. En unos minutos el almirante de la flota y la tripulación del barco se hundieron silenciosamente ante la mirada atónita del rey. Tan solo salvaron la vida cuarenta hombres. Fue una verdadera tragedia.

Todavía se veía el extremo de los palos, sobresaliendo en la superficie del mar, cuando un equipo de buceadores veneciano intentó entrar en el casco para recuperar los cañones, que tanto habían costado, y otras piezas de valor, pero no lo consiguieron. Año tras año, el barco fue deteriorándose hasta no dejar ninguna huella de su existencia más que su leyenda. La leyenda de un barco que naufragó antes de empezar la batalla. Suficiente para que el buceador John Deane se interesase en 1836 por localizar los restos entre el fango de Solent. Y tuvo suerte. A pesar de los siglos transcurridos, la parte del barco que había quedado enterrada en el fondo aún podía verse, y también algunos cañones y huesos humanos que Deane y su equipo recuperaron inmediatamente. Deane no era cualquier buceador del siglo XIX, en realidad, era un pionero en el arte de la inmersión y el inventor de una escafandra muy conocida en la historia del buceo. Cuando Deane rescató lo que aparecía superficialmente en el fondo, abandonó el *Mary Rose* para siempre. Pasó más de un siglo hasta que los restos fueron de nuevo visitados por otro hombre. Esta vez era un arqueólogo e historiador. Un hombre que conocía muy bien el suceso que llevó a pique al *Mary Rose*, se llamaba Alexander McKee. Sin embargo, no fueron sus ojos los que encontraron los restos hundidos bajo el fango, sino los sensores de un sonar de barrido lateral arrastrado desde una embarcación en superficie. Este aparato ha sido un gran aliado de la arqueología submarina durante los últimos treinta años. El principio básico de este aparato de detección es la emisión de energía eléctrica que él mismo transforma en acústica para producir un registro gráfico continuo de la superficie del fondo marino y de las capas del subsuelo. El registro gráfico o sonografía es similar a una fotografía aérea. Bajo el agua, el sonar emite haces de sonidos de alta frecuencia, explorando una estrecha franja del suelo a ambos lados del sensor remolcado. Los ecos producidos son convertidos en señales eléctricas, transmitidas por el cable de remolque e impresas en el registrador gráfico. A bordo del barco que realiza la prospección, el registrador recibe y procesa los datos del sensor y produce una imagen continua de la topografía del fondo con una gama mínima de dieciséis tonalidades de gris. En esta imagen quedan resaltados los obstáculos que han encontrado las emisiones del sensor en forma de sombras.

Lo que McKee tenía en las manos era precisamente eso, una sonografía del fondo submarino con una gran anomalía. El sonar había detectado una zona en la que se había formado un montículo muy pronunciado. La sonografía se estudió detenidamente y se determinó la posible existencia de un naufragio. Para asegurar esta hipótesis se utilizó otro instrumento de teledetección auxiliar del sonar, el llamado perfilador de lodos, que permite conocer un perfil vertical de alta resolución de los sedimentos que conforman el fondo submarino. Su poder de penetración en el fondo está limitado a unos treinta metros y está condicionado por la dureza y densidad de los sedimentos. Como el sonar, el perfilador emite ráfagas de energía acústica en un haz cónico de cincuenta grados hacia el fondo.

Esta energía de baja frecuencia penetra los sedimentos y los refleja gráficamente en una serie de horizontes acústicos que indican las variaciones del material. La estratigrafía obtenida es de gran utilidad para la localización de estructuras colmatadas y enterradas bajo la superficie del fondo submarino. Los fondos fangosos y de arena suelta son los que permiten una mejor resolución con este sistema de prospección.

Finalizada la campaña de teledetección con el sonar de barrido lateral y el perfilador de lodos, McKee no tenía dudas, la tecnología empleada no podía equivocarse, bajo aquel montículo había un barco hundido y, probablemente, se tratase del *Mary Rose*.

En 1971, su hipótesis fue confirmada. Un temporal destapó los restos del *Mary Rose*, para suerte de McKee. Junto a la historiadora Margaret Rule y otros colaboradores, McKee organizó una campaña de prospección con buceadores en busca de la leyenda. El fondo se dividió en calles orientadas de norte a sur que los buceadores recorrían reconociendo cada palmo del terreno. También, realizaron búsquedas circulares en el fondo desde puntos concretos marcados con boyas en superficie. Cada boya era posicionada desde tierra con un teodolito provisto de distanciómetro que medía el ángulo existente entre la boya y un punto cero, situado en tierra, y la distancia desde el aparato de medición hasta la boya. Con estos dos parámetros quedaba perfectamente ubicado el lugar en el que había que bucear.

Finalmente, la prospección dio con la localización exacta del *Mary Rose*. Los restos del navío de guerra de Enrique VIII estaban en el lugar exacto en el que se habían hundido en 1545.

En 1979, comenzó la excavación del barco para extraer su contenido y estudiar lo que quedaba del casco. Se realizaron veinticinco mil inmersiones con un problema continuo e insalvable, la mala visibilidad. A pesar de los inconvenientes, se fueron sacando a superficie algunas piezas de madera y una lombarda de hierro forjado de carga frontal. Poco a poco, fueron apareciendo ante los ojos de los excavadores metros y metros del casco del *Mary Rose*. Uno de los costados estaba en muy buen estado de conservación y tenía treinta y cuatro metros de longitud. Entre los restos de madera y los mamparos había mucha munición, algunos restos de las carretillas de los cañones, motones, cuadernales y vigotas, y un sinfín de objetos personales de los marineros: peines, instrumentos musicales, cerámicas, instrumentos náuticos, restos de las ropas de los tripulantes, dedales, un juego de fichas, la campana de bronce del barco y un completo arsenal de arquero con sus brazaletes, flechas, arcos de tejo y carcajs.

Entre 1971 y 1982, el *Mary Rose* fue totalmente excavado y documentado en espera de la tarea más delicada: la extracción. Para ello fue necesario desmontar algunas estructuras del casco y construir un enorme armazón que soportase el peso del casco y que, a la vez, sirviera de cama para que toda la estructura del *Mary Rose* saliera de una sola vez.

En junio de 1982, el costado de estribor con parte del castillo de popa del *Mary Rose* era, literalmente, colgado de la gran estructura de hierro que pendía de una enorme grúa, para depositarlo, después, en un soporte fabricado a la medida de los restos del casco. Cuando las patas de la estructura que mantenía en suspensión el casco encajaron en los cuatro tubos del soporte que iba a servir de cama, los responsables de la operación descansaron tranquilamente. La maniobra fue perfecta. Las quinientas ochenta toneladas que pesaba el conjunto fueron elevadas sin problemas mientras el *Mary Rose* yacía en la misma posición que tenía cuando estaba hundido en el fango, entre Portsmouth y la isla de Wight.

Hoy todo el conjunto reposa en la Base Naval de Portsmouth, donde sigue un riguroso tratamiento de conservación, y donde es visitado, diariamente, por todo tipo de admiradores y por estudiosos de la construcción naval y la arqueología submarina de todo el mundo.

11. La nave de Red Bay

La bahía de las ballenas

En el siglo XVI los balleneros vascos eran los principales proveedores en Europa de aceite para fabricar jabón e iluminar candiles. Viajaban hasta los lugares más remotos del planeta buscando a los grandes colosos del mar. Así, dieron con las tierras más frías de Terranova donde las ballenas se encontraban por doquier. En aquel lugar establecieron un campamento estable, en lo que hoy es el Labrador, en una bahía muy cercana a un poblado vikingo del año 1000 llamada Red Bay.

En 1977 la historiadora y geógrafa Selma Huxley convenció al arqueólogo canadiense James A. Tuck para que comenzase unas excavaciones en el lugar en el que los archivos históricos decían que había un campamento ballenero del siglo XVI. Según el viajero Jacques Cartier, que navegó estas aguas en 1534, en ese lugar existía una actividad ballenera frenética, con una población de casi mil personas que vivían allí durante la temporada de caza. Desde luego, Cartier no mentía y Selma no dejó caer en saco roto aquella pista. El resultado de las excavaciones fue positivo. Tuck encontró en Red Bay restos de una instalación destinada a convertir la grasa de ballena en aceite.

Un año después, se incorporó a la investigación otro arqueólogo, esta vez un especialista en construcción naval y arqueología submarina, Robert Grenier. Su objetivo era localizar los restos de un ballenero vasco que, según la información histórica, se había hundido frente a aquella bahía en 1565. En el transcurso de 1978, la prospección del canal y de las cercanías del puerto dio su fruto. Un buceador localizó los restos de un barco reposando a unos diez metros de profundidad.

Grenier y su equipo comenzaron, entonces, a prospectar de forma intensiva los alrededores del hallazgo para evaluar la potencialidad del yacimiento y estudiar la viabilidad de una excavación arqueológica. Paralelamente, se trató de identificar el hallazgo y como resultado se llegó a la conclusión de que aquellos restos pertenecían, como Grenier sospechaba, al ballenero vasco *San Juan*.

Desde el gran pontón situado sobre el yacimiento, en la superficie del mar Grenier dirigía a sus más de veinte buceadores entre los que había, arqueólogos de varios países, restauradores, dibujantes, fotógrafos, etcétera. Mediante una enorme grúa se fueron izando algunas piezas del casco que estaban aisladas, piezas muy robustas y bien conservadas gracias al frío de aquellas aguas. Doce mangueras de succión trabajaban sin descanso para extraer los sedimentos que cubrían el *San Juan*. Los buceadores de Grenier usaban un sistema de calefacción por medio de mangueras que bombeaban agua caliente a los trajes de buceo, para mantener el calor corporal. De no ser por este sistema, los submarinistas no habrían podido trabajar con temperaturas tan bajas.

Bajo el agua, el casco del *San Juan* estaba partido por la quilla, abierto totalmente, pero muy bien conservado. Sus maderas narraban un episodio muy interesante de la construcción naval que fue reconstruido gracias a la elaboración de moldes y réplicas de algunas piezas significativas realizadas con látex. En los moldes podían apreciarse las marcas del carpintero de ribera, los golpes de la azuela, las vetas de la madera. Así, las maderas originales volvieron al mar donde reposan hoy día almacenadas fuera del alcance de cualquier buscador de recuerdos.

La información proporcionada por los moldes y por los dibujos del casco, que se hicieron bajo el agua, permitió elaborar una hipótesis del aspecto del barco en forma de maqueta a escala. El *San Juan* tenía una quilla de casi quince metros de longitud, construida de una sola pieza de haya que incluía una traca de aparadura, algo inusual en la construcción de un barco de tales dimensiones. El resto del barco estaba hecho de roble, con líneas esbeltas, mucho menos rechoncho que los mercantes de su época. Entre los restos del casco apreció una gran cantidad de objetos relacionados con el navío, barricas para transportar el aceite, munición, armas, arpones, objetos de cocina, herramientas, monedas, fichas de juego, restos de tejidos, zapatos, un astrolabio, una corredera, una brújula, un reloj de arena, motones y cuadernales, cabos, anclas, parte del timón, y un sin fin de restos óseos pertenecientes a osos polares, focas, vacas, cerdos, patos, gaviotas y, por su puesto, huesos de ballena. Junto a los restos del *San Juan* aparecieron, también, los de cuatro pequeñas chalupas desde las que los balleneros lanzaban sus arpones a los cetáceos, en una práctica peligrosa que costó la vida a cientos de vascos empeñados en un negocio cruel para pescadores y pescados.

12. *Nuestra Señora de Atocha*

El tesoro de Cayo Hueso

Desde su descubrimiento en el año 1492, las riquezas del Nuevo Mundo llegaban a España transformadas en lingotes de oro y plata. Pero el precio del transporte de tan valioso cargamento, que atravesaba un océano de orilla a orilla, era muy alto. La piratería, los enfrentamientos con países rivales y los temporales eran enemigos implacables de los que no siempre se escapaba con vida. En tres siglos de comercio marítimo con América, España perdió cientos de barcos con el único objetivo de sufragar su política exterior y sus luchas contra países enemigos. Además, España cometió un error fundamental en sus planteamientos económicos al gastar todo su oro y su plata en comprar manufacturas europeas en lugar de crear nuevas industrias en el país. La dependencia de los metales americanos era imparable. Una cuestión de supervivencia que en ocasiones se convirtió en tragedia, dejando un rosario de hundimientos que la arqueología submarina ha ido recuperando poco a poco para la historia. Hundimientos con los que es fácil hacerse una idea de las características del comercio marítimo español entre los siglos XVI y XVIII, y del nacimiento de una nueva forma de hacer arqueología, la de los buscadores de tesoros, que nada tiene que ver con la ciencia ni con la historia.

¡Cerrad los mapas! ¡Lo hemos encontrado! La voz de Kane Fisher recorrió miles de kilómetros por radio desde la cubierta del Dauntless hasta la oficina de la compañía Treasure Salvors en Cayo Hueso. Habían encontrado el lugar exacto en el que se encontraba la mayor parte de la carga del *Nuestra Señora de Atocha*.

Mil lingotes de plata, monedas de oro, joyas, cañones, cerámicas. Un museo entero bajo las aguas cristalinas de Cayo Hueso, en Florida, a tan solo dieciséis metros de profundidad. El lugar encajaba perfectamente con la descripción del hundimiento en 1622, hallada en el Archivo de Indias de Sevilla.

El almirante de toda la flota, siguiendo la tormenta, y arrastrado por el viento con la vela de trinquete del palo mayor central, avanzó hacia el norte durante toda la noche y el día siguiente, durante el cual propusieron que se descansara en algún puerto o lugar seguro en esas costas; pero de pronto entraron en aguas poco profundas y al cabo de poco encallaron en dos brazas de agua y algo más, donde su espolón se rompió en pedazos, perdiendo a su gente, a excepción de tres hombres y dos muchachos. Esto ocurrió en la costa de Maracambe o Maracumbé, en Florida. El galeón *Santa Margarita* siguió la misma ruta y corrió la misma suerte.

La historia de este viaje accidentado comenzó el día 23 de marzo. Ese día, la flota de Tierra Firme, que incluía al *Nuestra Señora de Atocha*, partió de España para llegar a Portobelo, dos meses después, con el objetivo de unirse a otra flota de barcos de la guardia que habían partido de Cádiz el 23 de abril. Por fin, el día 1 de julio, ambas flotas permanecían atracadas en el puerto del istmo. Era el 1 de julio de 1622.

La flota completa parió de Portobelo y llegó a Cartagena el 27 de julio, para seguir viaje hasta Cuba, llegando a la Habana con muy mal tiempo el 22 de agosto.

El marqués de Cadereyta dividió la carga de oro y plata en varios barcos, aunque el grueso se embarcó en el *Santa Margarita* y en el *Nuestra Señora de Atocha*. Finalmente, y con gran retraso, los veintiocho barcos partieron de la Habana el día 4 de septiembre, en plena temporada de huracanes y tempestades.

Apenas habían partido de la isla caribeña, un temporal azotó a la flota en medio de un mar revuelto y un cielo negro y lluvioso. La flota se dispersó, unos barcos perdieron de vista a otros y, en breve, la situación se complicó, hundiendo a algunas de las grandes naves sin apenas tiempo para reaccionar. El *Atocha* y el *Santa Margarita* navegaban juntos en medio del temporal con dirección hacia Florida. El viento arrastraba las naves contra los cayos. El *Santa Margarita* fue el primero en colisionar y encallar en medio del mar. El *Atocha* luchaba contra el viento y las olas y aguantaba con firmeza los embates del mar sobre las cubiertas y los mástiles. De repente, una ola estrelló el barco contra las rocas y partió el mástil central. El agua comenzó a entrar por las heridas del casco hasta que la nave se hundió a unos dieciséis metros de profundidad. Aún asomaba el palo de mesana, cuando ya habían muerto más de doscientas personas. Tan solo tres tripulantes y dos esclavos consiguieron salvar la vida aferrados al palo de mesana.

En los meses siguientes, se organizó una operación de rescate del cargamento, pero el *Atocha* no apareció. Al año siguiente, otra expedición de rescate dio con los restos del *Santa Margarita*, utilizando una campana de bronce para bucear y rastrear los fondos submarinos de los cayos. Acosado constantemente por los corsarios holandeses, Nuñez Melían, responsable de la operación, consiguió rescatar, en los cuatro años que estuvo haciendo inmersiones a pulmón, trescientos ochenta lingotes de plata, sesenta y siete mil monedas y ocho cañones de bronce. Del *Atocha*, situado «cerca del último cayo de Matecumbe», ni rastro.

Trescientos cincuenta años después, el criador de pollos y buscador de tesoros Mel Fisher, que ya se había enriquecido con la venta de los objetos rescatados en la flota de 1715, descubrió el lugar exacto en el que se habían hundido los dos galeones de la flota de 1622. Tardó años en localizarlos, gastó todo su dinero y el de algunos inversores, y perdió a su hijo mayor, la mujer de este y un tripulante, al hundirse su remolcador durante la búsqueda. Para darle cierto aire de investigación arqueológica, Mel Fisher contrató a un arqueólogo de tierra, que jamás había visto un barco hundido, no sabía bucear y, además, mantenía una compleja relación con los arqueólogos submarinos estatales.

La legislación norteamericana, permisiva con los cazadores de tesoros, determinó finalmente que las piezas arqueológicas halladas por Fisher eran suyas y, por tanto, podía venderlas, regalarlas o destruirlas con total libertad. Además, esta sentencia dio por bueno el método utilizado para localizarlas y extraerlas, un método que tenía como arma principal el llamado «buzón», un tubo metálico enorme, de un metro de diámetro, con forma de codo, que se ajustaba a la hélice del barco. El método consistía en poner en marcha los motores del barco para que una corriente de agua limpiase en segundos los sedimentos que había sobre los restos arqueológicos. Un método nada ortodoxo. El efecto del buzón sobre los objetos era terrible. Los desplazaba de un sitio a otro como si una bomba les hubiera caído encima.

La sentencia del juez significaba que cualquier ciudadano norteamericano podía investigar, rescatar y comercializar por cuenta propia los restos de un naufragio que estuviera en aguas de los Estados Unidos. Esta sentencia ha animado, durante años, a cientos de buceadores y marinos a buscar naufragios, casi todos españoles, y quedarse con lo extraído. Una parte de la historia, ya irrecuperable, que no debería ser de nadie en particular, sino de todos.

El propio Duncan Mathewson, el arqueólogo contratado por Fisher reconocía sus reticencias iniciales a entrar en el proyecto: «Estaba a punto de arriesgar la poca credibilidad que me quedaba frente a los arqueólogos norteamericanos al unirme a un buscador de tesoros y, aún peor, a uno que no era demasiado popular». Sin embargo, allí estaba. Mathewson había perdido su trabajo en Jamaica, no tenía título de postgrado, ni trabajo como arqueólogo en Estados Unidos, de manera que, ante la situación, prefirió unirse al equipo de Mel Fisher y tratar de convencerle de que utilizase un método más científico en su búsqueda.

Figura. 8. Pieza de artillería de bronce del galeón *Nuestra Señora de Atocha*.

Los hallazgos del *Atocha* y su compañero de flota el Santa Margarita fueron excepcionales: más de un millar de lingotes de plata; ciento quince barras de oro; cien mil monedas de plata y oro de Felipe II, Felipe III y Felipe IV; cajas de marfil con magníficos relieves de origen Indio; sellos de plomo; botijas de estilo medio; recipientes cerámicos típicos de Mesoamérica; porcelana china; loza de esmalte metálico; espadas con empuñadura de lazo y de cazoleta; dagas; espadines; yelmos; fragmentos de armaduras; mosquetes y arcabuces con llave de serpentín; un tintero; un arenero; un candelabro; un almirez con su mortero; un juego de pesos; un astrolabio; varios compases de puntas; un reloj de bolsillo con brújula magnética; jarras de plata; relicarios;

crucifijos; collares; cadenas; anillos; colgantes de oro y esmeralda; broches; hebillas de cinturón; un cinturón de oro con rubíes, perlas y diamantes engastados; botones; esmeraldas en bruto, copas y platos de oro; barras de oro con el sello de Felipe IV, e incluso el fragmento de un pequeño librito. Además, se rescataron varios cañones de bronce en muy buen estado de conservación entre los cuales había algunos con marcas del peso del cañón que coincidían con los pesos de los cañones embarcados en el *Atocha* registrados en el Archivo de Indias de Sevilla.

Una parte de este enorme cargamento fue presentado en junio de 1975 en una exposición itinerante que recorrió el estado de Florida, deslumbrando con sus destellos dorados a los turistas norteamericanos. Finalmente, las piezas que no se comercializaron se depositaron en el museo que la familia Fisher y la Treasure Salvors Inc. instaló en Key West (Florida), en 1978.

En España también hay algunos objetos extraídos del *Atocha*, como es el caso de un ancla de hierro instalada en el pueblo de Salinas, cerca de Avilés; una pieza de artillería de bronce con las armas de Felipe III, del año 1616, expuesta en el Archivo de Indias de Sevilla; varias piezas de plata, una barra de plata y otro de oro, conservados en el Museo de América; y algunas joyas custodiadas en el Museo Nacional de Artes Decorativas. Salvo el cañón y el ancla, que fueron donados por la Casa Real, el primero, y por el Ayuntamiento de San Agustín de La Florida, el segundo, todas fueron compradas por el Ministerio de Cultura de España en la subasta que la familia Fisher llevó a cabo a través de la firma neoyorkina Christie's en 1988.

Figura. 9. Modelo de galeón del siglo XVII.

13. El naufragio del *Wasa*

El sueño del Rey de Suecia

Nunca un barco había costado tanto a un país. El rey Gustavo II llevaba muchos años tratando de crear una flota poderosa y capaz de defender a Suecia de sus enemigos. El día 16 de enero de 1625 firmó un contrato de construcción para que el holandés Henrik Hybertsson fabricase el barco más moderno y con mayor potencia de fuego hasta entonces conocido, el *Wasa*. La construcción se inició talando mil robles que iban a dar vida a un barco de guerra de sesenta y nueve metros de eslora, incluyendo el bauprés, y casi doce metros de manga. Un verdadero titán de los mares del norte preparado para desplazar mil doscientas diez toneladas. El plano de Henrik incluía sesenta y cuatro cañones y diez enormes velas con una superficie de mil doscientos setenta y cinco metros cuadrados que, una vez botado, manejarían sus ciento cuarenta y cinco tripulantes protegidos por los trescientos soldados que irían a bordo. Además, según el diseño, la nave estaría decorada con cientos de esculturas talladas y pintadas como representación del poder Real.

La primavera de 1626, lo que hasta entonces no había sido, sino el proyecto de un rey soñador, se hacía realidad en el astillero de Skeppsgarden. Cuatrocientos hombres, entre carpinteros, serradores, herreros, cordeleros, cristaleros, veleros y calafateadores, comenzaron aquel año a trabajar día y noche para finalizar su obra a tiempo el 10 de agosto de 1628. Aquel domingo, todo Estocolmo se apresuró para ver la partida del *Wasa*. El danés Söfring Hansson, capitán de navío, y un centenar de tripulantes protagonizaban el acto. Al atardecer, a la orden del capitán, la nave comenzó a navegar lentamente antes de largar las velas. A los cien metros de recorrido, Söfring mandó largar el trinquete, el velacho, la gavia y la cangreja. El perfil de la nave recortado en el canal de salida del puerto era imponente. Sonaron entonces los cañonazos de despedida.

Lo que sucedió instantes después significó la vergüenza más absoluta del rey de Suecia, el encarcelamiento del capitán del *Wasa* y la muerte de unas cincuenta personas embarcadas.

Al salir la nave de la bahía, llegó algo más de viento a las velas y en seguida comenzó a escorar mucho a sotavento, enderezándose algo otra vez hasta llegar frente a Beckholmen, donde cayó completamente de lado entrando agua por las troneras hasta irse lentamente al fondo con velas desplegadas, banderas y todo.

Söfring no tenía palabras para explicar lo sucedido en el juicio que se celebró al día siguiente. Los cañones estaban trincados, la tripulación en sus puestos. ¿Cómo, entonces, una pequeña racha de viento pudo hacer escorar al *Wasa* hasta hundirlo en medio de la bahía el mismo día de su primer viaje, y a la vista de todos los habitantes de la capital? Solo había navegado media milla cuando el agua empezó a entrar por las portas de los cañones. Según el capitán, la culpa fue del constructor que había diseñado una nave excesivamente inestable, a pesar de tener todo el lastre que admitía. Se reveló entonces la existencia de unas pruebas de estabilidad que se le habían practicado al *Wasa* con nefastos resultados y que se habían ocultado por miedo. Salió al estrado el sucesor del constructor, pues el primero había fallecido hacía unos meses, y dio su palabra de que el *Wasa* había sido construido siguiendo a rajatabla las normativas reales y la voluntad del rey de incluir un número de cañones tal que hacía peligrar la navegabilidad del buque, de manera que nadie fue culpado, ni castigado por aquella catástrofe.

Bajo el fondo, a treinta tres metros de profundidad, quedó enterrado el sueño de Gustavo II, del que tan solo pudo recuperar algunos cañones de bronce después de muchos intentos fallidos. El olvido terminó por sepultar las huellas del *Wasa* hasta que, de nuevo, en pleno siglo XX, en el año 1956, la historia del *Wasa* volvió a salir a la luz. Anders Franzen, un ingeniero aficionado al estudio de la navegación, decía haber localizado los restos del navío y, probablemente, tenía razón. El *Wasa* seguía allí, en el mismo lugar del hundimiento y, a juzgar por algunas muestras de madera extraídas por Franzen, estaba en muy buen estado de conservación. El agua fría y la inexistencia de animales xilófagos habían mantenido el *Wasa* mucho mejor conservado que cualquier otro hundimiento de la época.

Los buceadores de Franzen consiguieron tocar los restos del barco, pero casi no los veían. La visibilidad era malísima y hacía un frío espantoso. El siguiente paso debía ser el de izar el casco completo hasta la superficie. El proyecto interesó a muchas personas y entidades que volcaron sus esfuerzos en conseguir otro frágil sueño: sacar a flote el *Wasa*.

La empresa sueca Neptunbolaget, fue la protagonista del sueño. Sus buceadores consiguieron hacer una serie de túneles bajo la quilla del *Wasa* para, después, pasar por ellos grandes cables de acero y amarrarlos a dos pontones de salvamento. Tardaron dos años en terminar los túneles. Pasado este tiempo, llegó el momento de la verdad. Era el verano de 1959, cuando por los seis túneles que pasaban bajo el barco se colocaron los cables de acero para izarlo. La operación fue un éxito. El *Wasa* soportó perfectamente unos esfuerzos para los que no había sido diseñado. Algo que no había conseguido trescientos treinta y tres años antes. El proyecto de rescate pasó por dieciséis fases hasta que el *Wasa* estuvo en superficie. Antes, hubo que transportarlo, poco a poco, hasta aguas cada vez menos profundas, rellenar todas sus juntas y los agujeros dejados por los clavos de hierro que ya no estaban, y hubo que calafatearlo y reforzarlo en algunas partes del casco. Por fin, el día 24 de abril de 1961, la borda del gran navío atravesaba la superficie del agua y se encontraba de nuevo con la luz, después de haber pasado tres siglos semienterrado en el lodo. Comenzó entonces la investigación arqueológica sobre el casco del barco mejor conservado de la historia. Entre sus cubiertas, en sus pañoles, en sus camarotes, estaba guardado un instante fatídico de la historia de aquel domingo 10 de agosto de 1628.

El equipo de arqueólogos, capitaneados por Per Lundström, estaba dentro de una cápsula del tiempo. Había miles de objetos, cada uno en su sitio original. Más de catorce mil piezas intactas esperaban para ser recogidas, posicionadas, inventariadas y catalogadas. Y, también, había hombres, veinticinco cadáveres de los más de cincuenta que murieron aquel día, y miles de maderas del casco sueltas que hubo que recomponer para ver nacer de nuevo al navío de sesenta y cuatro cañones que nunca consiguió navegar.

Como mandan las teorías de la restauración actual, las piezas originales han de diferenciarse perfectamente de las reconstruidas, para mantener la estructura del barco en pie. Una estructura enorme a la que la arqueología submarina jamás se había enfrentado. Cuando la madera que ha permanecido durante siglos bajo el agua sale de nuevo a la luz se deshace, se agrieta, pierde parte de sus componentes y se encoge. Y algo parecido de ocurre también a los tejidos, el cuero y otras materias orgánicas. En el caso del *Wasa*, la sustancia que le salvó la vida fue el PEG, el Polietilenglicol, la única sustancia capaz de sustituir el agua que había empapado la madera para después solidificarse y devolverle a la madera su integridad. Este método ya había sido experimentado con anterioridad y los resultados eran buenos, pero jamás se había intentado con una mole tan inmensa. Era como querer rociar un elefante con spray para mosquitos.

Durante diecisiete años se pulverizó PEG sobre el casco del *Wasa*. Todos los días del año, todo el día, con intervalos de veinte minutos. Conservar el *Wasa* para la eternidad era, y sigue siendo, un gran compromiso y un enorme reto, mucho mayor que el de haberlo rescatado del agua. Hoy, el gran navío del rey Gustavo II, descansa tranquilo en una sala húmeda y oscura del moderno museo que el gobierno sueco construyó en 1990 con un equipo de arqueólogos, restauradores y conservadores que resuelve cada día sus pequeñas enfermedades. Este ha sido quizá el proyecto más ambicioso de la historia de la arqueología submarina, lo cual no significa que en todos los casos el objetivo final de una intervención arqueológica sea el de sacar el casco del barco fuera del agua donde se han conservado durante siglos. Al contrario, solo en ocasiones muy excepcionales y valorados previamente los costes y los riesgos de la operación, será cuando se determine la extracción de tal cantidad de madera. La información sobre la vida a bordo aportada por un hallazgo de tales características fue absolutamente impresionante. El lodo y el frío de las aguas de Estocolmo habían mantenido en perfecto estado los objetos de toda una tripulación, aún guardados en sus cofres. La mesa del capitán estaba en su sitio, aún en pie, con los restos de la vajilla desperdigados por el camarote. También eran sorprendentes los restos de las más de quinientas esculturas que presentaba el gran barco del rey, incluyendo el escudo familiar de los *Wasa*, de donde procede su nombre. Hay personajes mitológicos, bíblicos, animales, emperadores romanos, sirenas, ángeles y diablos.

La indumentaria de los marineros es fácilmente reconstruible gracias a la cantidad de restos hallados: sombreros, chaquetas, camisas, guantes, calcetines, zapatos, incluso unos pantalones con unas monedas, aún en el bolsillo, que pertenecían a un marinero aplastado bajo la cureña de un cañón.

Aparecieron, también, numerosos objetos relacionados con la comida a bordo. Platos de peltre y de madera para los marineros y de loza para los oficiales; jarras cerámicas; cubiertos de madera; recipientes para la mantequilla, y ollas de hierro fundido en las que se preparaban las gachas de cebada con la carne salada, el tocino, pescado seco, alubias, guisantes y el pan que los marineros comían en la penumbra, entre los cañones, y los oficiales y pasajeros distinguidos en sus camarotes. Se bebía cerveza, casi tres litros diarios por persona y también se consumían otras bebidas como el aguardiente o el ron. En el tiempo de descanso los marineros y oficiales jugaban a las «tres en raya» o a las «tablas reales» con fichas de madera, y, mientras se jugaba, también se fumaba tabaco en pipa, eso sí, siempre con cuidado para no provocar un incendio.

En los viajes largos, los que el *Wasa* nunca pudo realizar, la vida de un marinero siempre estaba amenazada por la cantidad de enfermedades que generaba la falta de condiciones higiénicas, el hacinamiento y la dieta en los barcos. Para combatir estos males, el cirujano de bordo y el barbero llevaban un sencillo equipo instrumental: rallador y mortero para preparar fármacos y anestesias, pinzas para extraer las balas, sierras para amputar, bisturís y lavativas. Si llegaba el caso de un combate naval, la enfermería del *Wasa* seguramente no daría abasto. Antes del enfrentamiento la cerveza correría en cantidad entre los marineros y los soldados, se prepararía el armamento individual y la artillería. Los carpinteros tendrían a mano sus herramientas para recorrer el barco, tapando uno a uno los agujeros provocados por los disparos. Llegado el momento, los cañones iniciarían el combate para, después, pasar a la parte más cruenta del enfrentamiento, el abordaje y la lucha cuerpo a cuerpo para vencer al enemigo definitivamente. De no ser por el hundimiento inesperado del *Wasa* no sabemos cuántas de estas batallas hubiera librado a lo largo de su historia.

14. *Nuestra Señora de la Pura y Limpia Concepción*

En busca del Banco de la Plata

El 20 de septiembre de 1641, treinta naves partieron de la Habana con destino a la metrópoli, al otro lado del océano. Venían de Veracruz, su verdadero puerto de partida, pero una avería en el casco les obligó a hacer escala en la isla caribeña. La capitana, el galeón *San Pedro y San Pablo* mandada por el capitán general Juan de Campos, iba al frente. Al final del convoy navegaba la nave almiranta, *Nuestra Señora de la Pura y Limpia Concepción*, de seiscientas toneladas, construida en la Habana en 1620 bajo las órdenes del almirante Juan de Villavicencio. En sus bodegas transportaba la mayor parte de la producción monetaria de las cecas de México y Potosí de los dos últimos años, casi veinticinco toneladas de oro y plata y miles de monedas.

Nueve días después de zarpar, una tormenta tropical azotó a la flota hundiendo la mayoría de los barcos. El *Concepción* consiguió salvarse, pero la nave quedó maltrecha. Las olas batieron su cubierta destrozando los mástiles y arrastrando a varios marineros al mar. El galeón navegó sin control, tratando de llegar a Puerto Rico hasta que, el 30 de octubre a las ocho y media de la tarde, el *Concepción* chocó violentamente contra los arrecifes situados al norte de la actual República Dominicana. A las cuatro de la mañana la nave se movió del lugar en el que había encallado y derivó sin rumbo, arrastrada por el viento, hasta otra zona de corales contra la que volvió a chocar violentamente. Esta vez por la popa. El casco se fue inundando de agua poco a poco. Los pasajeros y tripulantes se refugiaron en el castillo, pero no había espacio para tanta gente. El capitán ordenó fabricar con urgencia varias balsas para tratar de acercar a la gente a tierra. A pesar de los intentos por salvar a la tripulación, más de la mitad perdió la vida.

El día 11 de noviembre, el *Concepción* se partió por la popa y se hundió entre los arrecifes coralinos a unos quince metros de profundidad. También se perdió la carga, lo que supuso una de las mayores tragedias económicas para la corona española en aquel siglo.

El almirante, que sobrevivió al naufragio, declaró ante las autoridades en Santiago de los Caballeros e intentó organizar el rescate de la carga lo antes posible. Sin embargo, la operación de búsqueda y recuperación chocó con fuertes problemas burocráticos y económicos que impidieron que se llevar a cabo.

Un año después, Villavicencio intentó de nuevo el rescate con la ayuda de tres naves, pero sufrió un fuerte temporal y el acoso de varios barcos piratas que le hicieron desistir en su idea. Un naufragio con un cargamento tan valioso no pasó desapercibido para los piratas y buscadores de tesoros de la época, que, sin embargo, nunca dieron con los restos escondidos entre corales, hasta que William Phips, un marino de Nueva Inglaterra descubrió la leyenda y rescató parte de la carga por orden de la corona inglesa. Contó con la ayuda de los pescadores de la zona que se sumergían a pulmón libre ayudados, como los antiguos buceadores romanos, de piedras de lastre. En sus inmersiones lograron extraer sesenta y cuatro toneladas de plata en monedas y lingotes. Un buen botín que tuvo que repartir con el propio rey inglés a cambio del título de caballero.

Según las descripciones de Phips «los restos del galeón se encontraban en medio del arrecife, descansando entre tres grandes cabezos de coral, cuyas crestas sobresalían en la superficie del mar con la marea baja». Francis Rogers, comandante de una de las naves de Phips, describió los restos del naufragio y su estado de conservación el encontrarlo: «La mayor parte del maderamen ha desaparecido y el coral ha crecido tanto sobre los restos que, si no hubiera sido por sus cañones, jamás lo hubiéramos encontrado, habiendo transcurrido solamente cuarenta y cinco años desde que se perdió el barco más rico que jamás zarpó de indias».

Después de Phips otros buscadores de tesoros de Jamaica y de las Bahamas intentaron localizar los restos del *Concepción,* pero no tuvieron tanta suerte. Durante tres siglos la almiranta de la Flota de Nueva España quedó olvidada, aunque su cargamento le dio nombre al lugar, que desde entonces fue conocido por el «Banco de la Plata» como actualmente figura en las cartas náuticas.

El mismísimo Jacques Yves Cousteau organizó en 1968 una expedición en busca de los restos del *Concepción.* El famoso *Calypso* trató de hallar los bajos en los que quedó atrapado el galeón español. Después de varias semanas de trabajo, Cousteau y su equipo de buceadores encontraron cuatro cañones y dos anclas. Las grandes masas concrecionadas fueron un verdadero obstáculo para localizar más restos del naufragio. Aun así, Cosuteau rescató balas de cañón, pistolas, ánforas, botellas, clavos y cerámicas chinas, pero aquellos restos no correspondían al *Concepción*. El historiador Frederic Dumas, colaborador de Cousteau en su segunda campaña, demostró que los hallazgos pertenecían, en realidad, a una nave de 1756.

En 1977, un famoso buscador de tesoros norteamericano, Burt Webber organizó una campaña de localización con el permiso del gobierno dominicano y todo tipo de medios tecnológicos, pero después de varios meses de rastreo por los cabezos de coral decidió abandonar definitivamente la búsqueda.

El *Concepción* siguió siendo una leyenda sumergida, sin embargo, Webber continuó recopilando información sobre el galeón español para tratar de localizarlo en una segunda campaña. Ahora contaba con un dato esencial, el diario del capitán Francis Rogers encontrado por el historiador Peter Earle en los archivos de Maidstone. En este diario estaba la latitud exacta, descripciones de los alrededores y la ubicación del propio naufragio.

Al año siguiente, Burt Webber, con la ayuda de Jack Haskins, volvió a intentarlo y, esta vez, lo encontró. El 28 de noviembre de 1978 dio con los restos del naufragio y, tras muchas dificultades y un gran esfuerzo tecnológico, recuperó sesenta mil monedas de plata de ocho, cuatro, dos y un real de Felipe IV. Junto al cargamento de monedas,

Webber localizó numerosos objetos diversos como platos, bandejas, cucharas, tenedores, lingotes de plata, espadas, balas de mosquete, pipas de caolín, palancas de hierro, cadenas de oro y objetos de menor valor para él como ánforas, botellas de vidrio, cerámicas varias y diversos utensilios de cocina. También se rescataron collares de oro, tres astrolabios, y un baúl con mil cuatrocientas cuarenta monedas en un doble fondo. Monedas de plata de contrabando que, de no haberse hundido el barco, habrían pasado desapercibidas al control aduanero español.

Figura. 10. Jarra cerámica procedente del *Concepción*.

La operación Phips, como denominó Webber a su campaña de localización y rescate, fue un verdadero éxito económico que tuvo que repartir en la Jefatura Mayor de la Marina de Guerra Dominicana según contrato, con una comisión creada específicamente para garantizar la transparencia del reparto. El gobierno dominicano recibió el cincuenta por ciento de los objetos y el otro cincuenta por ciento fue a parar a manos de la compañía de Webber, Seaquest International Inc. Sin embargo, en mitad de la tasación el gobierno dominicano tomó una decisión sin precedentes. Ofreció a la empresa de Webber la parte de monedas necesaria para completar el valor de los objetos que le habían correspondido al buscador de tesoros. De esta forma, el gobierno dominicano perdía parte de sus monedas de ocho y cuatro reales pero ganaba objetos que tenían un gran valor histórico y arqueológico. El resultado del reparto fue dado a conocer públicamente en un libro en el que figura con todo detalle el inventario de los objetos hallados durante la excavación. Sin embargo, a pesar de la transparencia, aquella no fue una intervención arqueológica científica. Fue una sencilla caza del tesoro. Durante la recuperación de los objetos se destruyó una gran parte del yacimiento, y la información que no se hubiera recuperado ya no era posible obtenerla de ninguna manera. Los planos, dibujos y fotografías que Webber no hizo, ya no podrían repetirse jamás. Sus mangueras de succión no buscaban la comprensión arqueológica del hundimiento. Solo deseaban encontrar oro, plata y objetos de valor en buen estado para comercializarlos después. A Webber le importaba muy poco la verdadera riqueza arqueológica de un hundimiento como aquel. Por eso no recogía nada que no tuviese valor intrínseco, por eso no posicionaba los objetos recuperados, por eso no existe información alguna sobre el contexto arqueológico en el que estaban las monedas, las joyas o los lingotes.

Años más tarde, Tracy Bowden, otro buscador de tesoros norteamericano firmó un contrato para localizar y explotar comercialmente los barcos históricos hallados en una zona del litoral que comprendía desde la bahía de Samaná hasta el

Banco de la Plata, es decir, una tercera parte de la costa de la República Dominicana. Tracy pensó que el *Concepción* aún podía dar buenos resultados. Y no se equivocó. Eso sí, tuvo que mover muchas más toneladas de tierra que Webber para encontrar tres mil monedas más, algunas joyas de gran valor y una buena parte de la carga en forma de porcelana china.

Figura. 11. Perro de Fo de porcelana procedente del galeón *Nuestra Señora de la Pura y Limpia Concepción*.

15. La flota de azogues de 1724

Navegantes y náufragos en la ruta del mercurio

Cruz Apestegui y el autor de este libro acabábamos de terminar el estudio del casco de un barco romano hallado en la isla de Conejera, junto a Ibiza, organizado por el Centro Nacional de Investigaciones Arqueológicas Submarinas de Cartagena. Era la primera vez que en España un estudiante de ingeniería naval participaba en la excavación de un barco tan antiguo. Entonces recibí su llamada. El gobierno dominicano le había invitado como especialista en construcción naval de los siglos XVII y XVIII para catalogar una serie piezas de motonería de un galeón español hundido en la bahía de Samaná en 1724. Quería saber si yo colaboraría con él en el caso de que Pedro Borrel, director de la Comisión de Rescate Arqueológico Submarino de la República Dominicana, le encargase hacer una intervención arqueológica sobre los restos de uno de los barcos de la flota de Azogues de 1724, el galeón *Nuestra Señora de Guadalupe.* Por supuesto, contesté afirmativamente.

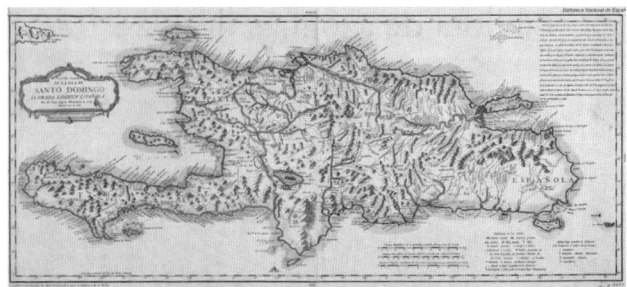

Figura. 12. Mapa de la isla de La Española del siglo XVIII.

Pasados unos días, Cruz volvió de Santo Domingo emocionado, con el encargo definitivo de hacer el estudio del casco del *Guadalupe* y con un montón de datos bajo el brazo: cartografía para situar el naufragio, dibujos de algunas piezas, inventarios de objetos rescatados y planos realizados por el buscador de tesoros que había descubierto el hundimiento en 1976. Pero, sobre todo, trajo una historia. La historia fascinante de una flota que transportaba mercurio y que se hundió trágicamente cuando trataba de sobrepasar un complicado cabo al noreste de la República Dominicana. El hecho había sido relatado con bastantes detalles por Joseph Peguero, un historiador que treinta años después había recogido testimonios de algunos supervivientes del naufragio para completar su libro titulado *Historia de la conquista de la Española de Santo Domingo trasumptada en el año de 1762.*

En su relato había párrafos espeluznantes en los que los náufragos rezaban a Dios por salvar la vida, mientras la mayor tormenta que jamás habían visto azotaba las maderas de los dos azogues. El desenlace fue trágico. Murieron más de quinientas personas, y las que sobrevivieron pasaron terribles calamidades hasta que consiguieron ser rescatados. Pero, había otro testimonio aún más sorprendente. Era la carta de un superviviente, Francisco Barrero Peláez, que narraba con todo lujo de detalles cada momento del naufragio y cada instante que pasaron en las playas de la costa este de la República Dominicana, caminando en busca de la ciudad de Santo Domingo. Además de estos dos textos, se localizó información relacionada con el barco, como los registros de carga del viaje, los autos judiciales relativos al hundimiento, el contrato de construcción del barco, los costes de fabricación y el listado de pasajeros.

Decidimos, entonces, buscar otra persona para completar el equipo de investigación. Manu Izaguirre era el especialista con más experiencia en arqueología naval que conocíamos. Había participado en numerosas excavaciones, entre ellas, la de un ballenero vasco hallado en aguas canadienses o la de un galeón español en las Islas Bermudas. Y aceptó encantado. Yo le había conocido en 1987, durante las prospecciones que habíamos llevado a cabo en el litoral de Málaga, en las que murió nuestro compañero Rafael Giráldez. Pero, desde aquel trágico suceso no habíamos vuelto a coincidir. Manu propuso completar el equipo con un fotógrafo submarino amigo suyo llamado Josán Galdona, al que después sustituyó Antonio López. El resto de la gente necesaria para hacer el estudio del casco del *Guadalupe* sería propuesta por el gobierno dominicano, entre ellos, el buceador profesional más verdaderamente profesional que he conocido, al venezolano Alejandro Selmi.

Por fin, en el verano de 1994, los cuatro desembarcamos en Santo Domingo y allí conocimos a quienes iban a ser nuestros compañeros de inmersión, casi todos buceadores del Acuario Nacional de Santo Domingo, capitaneados por el experimentado Francis Soto. Nuestro objetivo era documentar mediante el dibujo y la fotografía los restos del barco. La campaña fue compleja pero muy fructífera. Diariamente, buceábamos casi seis horas seguidas anotando cada detalle constructivo, etiquetando cada madera, fotografiando cada clavo, dibujando cada ensamblaje y recogiendo cada fragmento de hueso, vidrio o cerámica que encontrábamos junto a la parte exterior del casco. Estas jornadas de trabajo bajo el agua permitieron estudiar la posición de la carlinga mayor, la posición de las cuadras, el ángulo de caída, la posición del codillo de popa, etcétera. El dibujo del casco también era el elemento clave para poder estudiar elementos de la construcción naval del barco, construido mediante el sistema varenga-genol.

Los dibujos se pasaban de la tablilla de buceo al dibujo a escala 1:20 que, día a día, se iba completando con más y más información. También, se hicieron dibujos de detalle y vistas axionométricas de aquellas partes del casco que creíamos más interesantes. Las dos campañas fueron un éxito. Pero era una lástima ver que aquel yacimiento ya había sido excavado por un buscador de tesoros. Tracy Bowden no había registrado la posición de ninguna de las piezas extraídas. Su trabajo había sido minucioso en cuanto a la recuperación de piezas de valor, pero su documentación de los restos encontrados no nos servía de mucho. Además, buscando piezas completas los buceadores de Tracy habían ido formando una serie de montículos enormes con fragmentos desechados, una forma de actuar muy típica en las compañías de rescate comercial. Aun así, su información nos confirmó algunas hipótesis con respecto a la posición de la carga, que ya habíamos formulado.

La campaña en el mar fue intensa, con muchas horas de trabajo bajo el agua. En superficie, nos vigilaban los dos barcos que teníamos fondeados, el *Savy Lady* y el *Catalina*, una pequeña motora prestada por la Marina de Guerra Dominicana. En tierra, muy cerca del lugar al que llegaron los náufragos del *Guadalupe*, una pequeña casita de madera y hormigón, situada en el pueblo pescador de Miches, servía de cuartel general. Unos kilómetros al norte, siguiendo la costa, estaba el hundimiento del *San Joseph*, alias el *Tolosa*, el otro barco que formaba la flota de azogues aquel año de 1724.

Figura. 13. Reconstrucción de la forma del casco del navío *Nuestra Señora de Guadalupe*.

Según el testimonio de Francisco Barrero Peláez, la flota partió de Cádiz el día 13 de julio. Su comandante, el teniente general Baltasar de Guevara y Vinuesa, dio la orden de partir rumbo sudoeste, en dirección a las Islas Canarias. Hasta allí el *Guadalupe* y el *Tolosa* fueron escoltados por los registros de cargo del capitán de fragata Vicente de la Torre. Guevara era un marino de familia de marinos. Había realizado su carrera en las galeras de España y en la Armada Real, participando en las principales escuadras con numerosas condecoraciones y rápido ascenso. En las bodegas de ambos galeones iba cargado el mercurio, envasado en grandes cajones de madera con dos o tres barrilitos con el mercurio metido en unos baldreses de piel de cabra de cincuenta libras, cerrados con cuerda de esparto. Además, el *Guadalupe* transportaba hierro a granel, en barricas y en cajones; bulas para la factoría de las Indias Occidentales; carga de particulares, entre la que destaca una increíble colección de vidrio decorado a la rueda y clavazón vizcaíno, para construir un galeón en el astillero de la Habana.

Después de treinta y siete días de navegación avistaron la isla de San Juan de Puerto Rico, en cuya aguada descansaron durante cuatro días, mientras reparaban el mastelero del *Tolosa,* que se había partido en mitad de la travesía. El día 23 de agosto, el comandante dio la orden de partir hacia Veracruz, el destino final del viaje. Ya no habría más escalas. El *Guadalupe* largó velas y se dispuso a salir de la ensenada. Sin embargo, el *Tolosa* no zarpaba. Los religiosos franciscanos se negaban a embarcar. Sufrían una fuerte resaca de mar. Unas horas más tarde, el capitán conseguía convencerlos para que subieran a bordo, prometiéndoles buen tiempo y una magnífica navegación. Durante la noche se levantó el viento del norte y, al amanecer, parecía imposible superar el cabo que cierra la bahía de Samaná. Las dos naves se mantuvieron dando bordos, luchando contra el viento que les empujaba cada vez con más fuerza contra los arrecifes. El peligro era inminente:

> Viendo el señor comandante el cúmulo de dificultades que se ofrecían para montar el referido cavo (en cuia diligenzia gastto hasta las 4 de la tarde), tubo por conbeniente dar diferentes bordos hasta las 10 de la noche, a fin de ver si moderandose la furia del viento podiamos mantenernos entre él y el cavo que llaman del Engaño. Pero no haviendo fructificado estte medio el efecto que se deseava, antes vien continuando el temporal, y las mares sumamentte gruesas, nos hizo rendir los masteleros mayores, y el palo de trinquete, acercándonos siempre a tierra.

Vista la dificultad para gobernar el barco y la imposibilidad de mantenerse a la capa con seguridad, Guevara intentó fondear las naves y esperar a que pasase el temporal. En medio de la tempestad, el *Guadalupe* soltó todas sus anclas para sujetar el barco, pero la maniobra no dio resultado.

> La enunciada diligencia de dar fondo fue tan inútil como las demas practicadas porque no haviendo prendido las anclas fueron garreando hastta que varo el navío sobre 4 brazas y media de agua en la ensenada que llaman de Samaná entre la una y dos de la mañana poco mas o menos del 25.

De repente, chocó bruscamente con el fondo. En el impacto perdió el timón y sufrió serios daños en la roda. Había encallado frente a la playa.

> Esperando por instantes nuestra ultima ora, sin embargo de estar varado el navio, vien sea la fuerza del viento y corrientes

o por la Divina prividenczia (a que mas me inclino) se reconocí acercarse mas a tierra, de modo que se sentto sobre arena a una legua distante de ella.

Viendo la costa cercana y temiendo que el barco se hundiera, más de ochenta personas saltaron al agua. Para entonces *el Tolosa* se había perdido de vista.

Al día siguiente, el comandante decidió embarcar con un grupo en el bote para llegar a tierra y pedir auxilio lo antes posible, pero una fuerte ola volcó la embarcación y murió ahogado junto a los demás tripulantes. Salvó la vida el capitán Gabriel de Mendinueta, que se hizo cargo de la situación a pesar de haber quedado gravemente herido.

Con esta incomodidad y repitiendo actos de contrición, confesando a vozes cada uno sus culpas nos mantuvimos todo el dia y noche esperando Nra final terminacion hasta que el 26 por la mañana amanecio mas sereno el mar, y poco viento, de modo que se empezó a discurrir en el salir a tierra baliendonos de la lancha que era el unico recurso que havía para logarlo.

Decidieron entonces echar la lancha al agua y construir una balsa con palos y tablas del navío unidos con cabos de la jarcia. De esta manera consiguieron llevar a todo el mundo a tierra entre los días 27 y 28. En las playas de Samaná encontraron los cadáveres de los que saltaron al mar. Fue una verdadera tragedia.

Las quinientas personas que salvaron la vida en el naufragio pensaron que allí acababan sus calamidades, sin embargo, nada más lejos de la realidad. La playa en la que habían desembarcado, donde hoy está situada la población de Miches, es un paraje inhóspito, una zona de ciénaga y espeso bosque tropical sin apenas alimento alguno.

Se organizaron entonces continuos viajes al galeón para recoger cualquier alimento completando la dieta con lo que encontraban en aquella playa desierta:

Algunas palmas que se buscaban a fuerza de mucha diligencia, almejas, caracoles y cangrejos.

Cuando pasaron tres días y no había noticias del *Tolosa,* ni nadie les había enviado socorro, decidieron dividirse en grupos para buscar ayuda en distintos sitios. Veintiséis hombres se embarcaron en la lancha en dirección al norte, hacia un lugar en el que creían que había un puerto francés. Otros, casi trescientos, se encaminaron andando hacia el sur de la isla, siguiendo la costa, con la esperanza de llegar algún día a Santo Domingo. El tercer grupo, en el que estaban los enfermos y los heridos, esperó en la playa. Pasados catorce días llegaron a la playa dos náufragos del *Tolosa* que vagaban en busca de alimento, les contaron que su embarcación se había hundido y que todos habían muerto. Los cangrejos y las lapas se convirtieron en el único alimento que les mantenía con vida.

Ante esta noticia, y viendo la escasez paulatina de alimentos el tercer grupo, compuesto por unas doscientas cincuenta personas decidió también caminar siguiendo la costa hacia el sur. Los enfermos y heridos fueron siguiendo al grupo por mar navegando junto a la costa en el pequeño y débil bote.

En el trayecto, moribundos, sin agua, sin comida y bajo el calor del verano tropical, murieron varios soldados y marineros, algunos envenenados con una planta desconocida para ellos:

presisoles el ambre a comer la venenosa fruta de la gualliga, no conosida de los infelices que la comieron, que murieron, queriendo la suerte que esta fue poca, que por eso no murieron todos, hecha esta planta sin tronco, una masorca del tamaño de la del cacao, pardusca por fuera, y en su sentro unos granos colorados hermosos como los del cacao, que estos son veneno mortifero, bieron estos hambrientos estas frutas, comieron los que las pudieron aber en la mano, y dioles una azedia inzoportable con dolor en la voca del orificio superior del estomago, y morian rabiando.

La falta de alimentos en las playas por las que ya había pasado el primer grupo hizo que el camino fuera terrible y que tuvieran que internarse varios kilómetros en el bosque para encontrar algo que llevarse a la boca. Menos dificultades tuvieron con respecto al agua ya que durante todo el trayecto les acompañó una lluvia incesante propia de la estación de verano.

El final de la tragedia llegó para este segundo grupo de caminantes el día 20 de septiembre, a la altura de Macao, cuando se encontraron con unos pescadores de tortugas que venían a caballo desde el poblado de Higüey, en el interior de la isla. Los pescadores les trasladaron en pequeños grupos hasta el poblado para darles socorro.

Una vez en Higüey, el maestre de plata, Francisco Barrero Peláez, partió a caballo desde allí hasta Santo Domingo donde supo que los primeros trescientos que habían salido de la playa, habían sido localizados unos días antes frente a la isla Catalina, a doscientos setenta y cinco kilómetros del lugar del naufragio, por una pequeña barca que dio aviso al gobernador de Santo Domingo. Habían caminado más de dieciséis días con un total de doce bajas.

Del *Tolosa* solo se salvaron treinta o cuarenta marineros que se lanzaron al agua con ayuda de palos y maderas del barco. Cinco de ellos aparecieron agonizantes en el monte, diez fueron rescatados por dos balandras francesas y otros siete sobrevivieron durante treinta y tres días en la cofa del barco que quedó fuera del agua, comiendo calabazas y bebiendo agua de mar.

Un mes después de llegar a la ciudad, Francisco Barrero Peláez escribió una carta a su señoría Antonio de Sopeña, presidente da la Casa de Contratación de Cádiz, relatándole el naufragio y la pérdida irreparable del mercurio del rey. Esta carta, conservada en el Archivo General de Indias de Sevilla, ha servido para reconstruir, paso a paso, el hundimiento de la flota de azogues de 1724 y para localizar los restos del *Tolosa*.

Bajo el agua aún pueden verse los restos del casco del *Guadalupe* con las cajas de clavos perfectamente estibadas en la bodega, los grandes barriles con piezas de hierro, las ánforas con brea, las bodegas de carga del mercurio con las rejas de arar debajo, la roda dañada por el impacto con la arena, la carlinga del mástil central, la munición de los cañones y el codaste del barco con el timón arrancado.

Tracy también localizó el *Tolosa* gracias a una cita de un superviviente, el pasajero Francisco de Arriaga:

La capitana permanece en la ensenada de Samaná al suroeste a una distancia del Corral de Tortugas de una legua, del Cabo Cabrón al sureste a seis leguas, y el *Tolosa* está en la otra ensenada, situada a una legua de nosotros al oeste.

El lugar corresponde hoy a la Punta Mangle, junto al río Jayán, zona que Bowden rastreó sin descanso con ayuda de un magnetómetro de protones hasta dar con los restos del galeón en el Bajo de la Cucaracha.

Figura. 14. Objeto recuperado del *Guadalupe*.

En 1976 extrajo parte del cargamento de ambos barcos después de remover toneladas y toneladas de arena: más de seiscientas botijas y botijuelas con cuatro formas diferentes, cargadas con aceitunas y brea; platos; escudillas; tinajas; jarras; ollas; cuencos; morteros; tazas; cerámicas de Talavera decoradas en ocre y azul; una increíble colección de vasos, bandejas y vinajeras de vidrio con decoraciones a la rueda, representando escenas de caza, formas geométricas y paisajes chinescos; un magnífico reloj de pared de bronce y madera, fabricado por la casa londinense Windmills; medallas y medallones de latón; peltre y bronce con representaciones religiosas; crucifijos; bulas; escapularios; amuletos; cuentas de rosario; tijeras; dedales; alfileres; botones; planchas; barras de lacre; pipas de caolín; peines de madera; cuchillos; espadines; armas de fuego; munición de diferentes calibres; anillos; huesos de animales que se habían transportado vivos en los establos del galeón y otros con marcas de cocina o de cuchillo que debieron haberse consumido durante el trayecto; instrumentos de cirujano; utensilios de navegación; monedas de oro y plata de Felipe V, y joyas, muchas joyas pertenecientes a los pasajeros adinerados que viajaban a América aprovechando el trayecto de la flota del mercurio, entre las que destacan anillos de oro, broches de oro y piedras preciosas, pendientes, perlas, cuentas de ámbar tallado, esmeraldas, amatistas y un bastón de marfil decorado.

Las piezas extraídas por Bowden del *Guadalupe* y del *Tolosa* fueron depositadas en el Museo de las Atarazanas de Santo Domingo y en el Museo del Faro a Colón, y sirvieron, también, para ilustrar la gran exposición patrocinada por la Fundación La Caixa, denominada «Huracán 1724. Navegantes y náufragos en la ruta del mercurio», que se inauguró en Barcelona en 1997 y que conmemoró la muerte de tantos hombres de mar fallecidos trágicamente en las playas de Samaná.

Figura. 15. Recreación de la primera batería del *Guadalupe*.

16. El naufragio de la fragata
Nuestra Señora de las Mercedes.
Un tesoro cultural recuperado

Combate en tiempos de paz

Las reformas borbónicas llevadas a cabo durante la segunda mitad del siglo XVIII propiciaron importantes cambios en las relaciones con los virreinatos americanos, incentivando su desarrollo y abriendo nuevas rutas comerciales, como la del cabo de Hornos o la que atravesaba Perú hasta Buenos Aires. La libertad de comercio con América, a partir de 1779, reactivó notablemente el tráfico marítimo y el crecimiento económico, frenado al finalizar el siglo por culpa de las guerras y los sucesivos bloqueos a los puertos españoles. Varias potencias europeas querían conseguir parte de las riquezas económicas que ofrecía América y estaban dispuestas a hacer lo que fuera necesario para debilitar el liderazgo de España en estos territorios. A esta situación se unió al creciente descontento de la población criolla frente al dominio de la península tomando fuerza el sentimiento de emancipación que, en pocos años, llevará sin remedio a la independencia de las nuevas naciones hispanoamericanas.

Por otro lado, en Europa, los acuerdos firmados entre Francia y España a finales del siglo XVIII, habían diseñado un nuevo escenario de relaciones entre ambos países frente a Gran Bretaña. Algo que a los ingleses no gustó en absoluto. De hecho, el compromiso adoptado por España para ayudar militarmente a Francia, tal y como dictaba el Tratado de San Ildefonso, provocó una guerra contra Inglaterra de terribles consecuencias para el país. La cosa no pintaba bien para nadie. Así, el siglo XIX comienza con una situación política internacional especialmente compleja: dos potencias europeas, Francia y Gran Bretaña, inmersas en continuos combates, batallas y asedios interrumpidos por breves momentos de paz. Por otra parte, España, bajo el reinado de Carlos IV y su primer ministro Manuel Godoy, ve peligrar sus extensos dominios en ultramar y apuesta por mantener la supervivencia mediante la firma de alianzas alternativas y estratégicas con Francia y Gran Bretaña. Una neutralidad falsa, aunque necesaria, que acabará pagando muy caro.

Por fin, en 1802, la guerra concluyó y se firmó del Tratado de Amiens. Restablecida la paz, se puso fin al bloqueo de los puertos, reanudándose el tráfico marítimo con las Indias. La Corona española ordenó entonces el envío de buques de guerra para recoger los caudales y bienes acumulados durante los años de la guerra, entre ellas, la fragata *Mercedes* que, a principios de 1803 partió junto a las fragatas *Clara* y *Asunción*, rumbo al puerto del Callao, en Lima. Sin embargo, la paz alcanzada en Amiens, tan deseada como efímera, no supondrá más que un leve respiro. En poco menos de un año, Francia e Inglaterra se declaran de nuevo la guerra, mientras España, en plena crisis económica, intenta seguir pareciendo neutral.

Figura. 16. Vista de Montevideo realizada durante la expedición Malaspina por Fernando Brambila.

Las reales órdenes y la correspondencia mantenida entre el primer ministro Godoy, los ministros de Marina y Hacienda, y el virrey del Perú, dibujan la ruta seguida por la fragata *Mercedes* y demuestran el carácter oficial de su último viaje. La misión de Estado era precisa y urgente: ir a Lima, después a Montevideo y, desde allí, regresar al puerto de Cádiz con los caudales embarcados en las fragatas *Medea*, artillada con 28 cañones de a 18 libras, 2 de a 9 y 10 obuses de a 24 libras, al mando de Francisco Piédrola; *Fama*, con 26 cañones de a 12 libras, 4 de a 6 y 8 obuses de 24 libras, al mando de Miguel Zapiaín; y *Clara* y *Mercedes*, ambas con 26 cañones de a 12 libras, 4 de a 6 y 8 obuses de a 24 libras, la primera bajo las órdenes de Diego Aleson y la segunda capitaneada por José Goicoa.

La flotilla partió el 9 de agosto de 1804 bajo las órdenes del experimentado marino José Bustamante y Guerra, quien había participado como comandante de la *Atrevida* en la expedición científica de Alejandro Malaspina, una de las más notables del siglo XVIII. Montevideo había sido su último destino en el que había desempeñado el cargo de gobernador civil y militar del Río de la Plata. Bustamante, por fin, regresaba a España, esta vez, al mando de cuatro fragatas cargadas con 4 773 153 pesos en caudales, lingotes de cobre y estaño, lana de vicuña, cacao, quina, ratania, pieles, velas, pequeños cargamentos personales y algunas piezas de artillería de bronce obsoletas para reciclar.

Como segundo jefe de la Escuadra se había designado a otro ilustre veterano, Tomas de Ugarte, pero una grave enfermedad le impidió salir de Montevideo. Fue sustituido en el último momento por Diego de Alvear, que había sido comisario de la expedición encargada de fijar los límites entre los territorios españoles y portugueses en América del Sur. Alvear también terminaba su vida militar y regresaba a España con su familia y sus pertenencias a bordo de la *Mercedes*. Esta decisión de última hora obligó a Diego de Alvear a cambiar de fragata embarcando con su hijo mayor, Carlos María, junto a Bustamante en la *Medea*, mientras que su esposa, sus otros siete hijos y su sobrino, permanecieron embarcados en la *Mercedes*. Aquel sería el último día que Diego Alvear vería a su familia con vida.

El viaje de vuelta de las cuatro fragatas españolas fue tranquilo. Recorrieron 7300 millas a unos 5,43 nudos de velocidad sin mayores percances. Con la confianza de que ambos países estaban en paz. Sin embargo, tal y como habían planificado los británicos que vigilaban la llegada de las cuatro fragatas a las costas españolas, el día 1 de octubre de 1804, divisaron dos bergantines de guerra de los que no pudieron identificar su bandera pues en seguida evitaron el encuentro con los barcos españoles. Las fragatas españolas anotaron el hecho en sus libros de navegación continuando con viento en popa sin sospechar lo que en unos días iba a suceder.

La mañana del 5 de octubre, a la vista del cabo de Santa María, cuando eran más o menos las ocho, amanecieron rodeados de una intensa niebla. Al disiparse, divisaron por proa a babor cuatro velas que venían en rumbo contrario y que al poco rato identificaron como cuatro fragatas de guerra inglesas de mayor porte y superior artillería en número y calibre. Bustamante mandó entonces poner las señales de zafarrancho de combate y formación en línea siguiendo las ordenanzas de marina que obligaban a hacer esta operación siempre que se avistasen buques de guerra, aun cuando fuera en tiempos de paz. Sin embargo, las maniobras de la escuadra inglesa, mandada por el comodoro Graham Moore, empezaron a generar desconfianza entre los marinos españoles. Los cuatro barcos de guerra se aproximaron con el viento a su favor virando totalmente y abarloándose cada uno al costado de las naves españolas. La diferencia de porte y artillería se aprecia a simple vista. La mayor de las fragatas inglesas, la *Indefatigable*, que en realidad era un navío rebajado, se acercó a la *Medea*. Entonces, un oficial inglés preguntó con su bocina por el puerto del habían partido y por su puerto de destino. Bustamante, sin detener totalmente el convoy, respondió en inglés que venían del puerto de Montevideo para dirigirse al de Cádiz. Al quedarse algo atrás la fragata inglesa, esta disparó un cañonazo con bala que pasó por la proa de la *Medea* para que se detuviera. Acercándose de nuevo, Graham Moore avisó de que iba a enviar un bote con un oficial. Bustamante, extrañado por las maniobras de la fragata inglesa mandó hacer señal de peligro en la derrota para advertir sigilosamente a las otras fragatas. Unos minutos después llegó el bote británico a la *Medea*. El teniente Ascott, con fuerte acento inglés comunicó que, de parte del comodoro Sir Grahan Moore y por orden de su Majestad el rey Jorge I, debían retener las cuatro fragatas españolas para llevarlas a Inglaterra, y pidió que las tripulaciones se entregasen en calidad de detenidos para evitar un baño de sangre. Los oficiales españoles no podían creer lo que estaba sucediendo. Después de reunirse con sus oficiales para tomar una decisión, Bustamante comunicó al teniente británico su negativa rotunda a entregar las fragatas a pesar de que se trataba de una partida desigual, y le ofreció la posibilidad de ir con las ocho naves a un puerto español para debatir allí las circunstancias en paz.

Desde la borda de la *Medea*, el oficial inglés hizo un gesto discreto con un pañuelo blanco y nada más llegar con el bote de parlamento a la *Indefatigable,* la fragata inglesa disparó un tiro con bala que pasó muy cerca de la *Medea*. Entonces, comenzó el fuego artillero por andanadas y la fusilería contra las fragatas españolas a distancia de menos de un tiro de pistola. El pavor y la sorpresa por una agresión tan inesperada se apoderó de los ánimos de los marineros españoles, la gente de mar y la guarnición.

La fragata *Medea* comenzó a batirse con la *Indefatigable*, artillada con 26 cañones de a 24 libras, 4 de a 12 y 16 carronadas de a 42 libras; la *Fama*, en la cabeza de la línea, contra la *Medusa*, con sus 26 cañones de a 18 libras, 4 de a 9 y 12 carronadas de a 32 libras; la *Mercedes*, contra la *Amphion*, con 26 cañones de a 18 libras, 2 de a 9 y 8 carronadas de a 32 libras; y la *Clara*, contra la *Libely*, armada con 28 cañones de a 18, 4 de a 9 y 18 carronadas de a 32 libras.

Al poco rato de haber empezado el combate, cuando eran aproximadamente las 9:45 de la mañana, se produjo la súbita explosión de la fragata *Mercedes*. En ese momento, la fragata *Amphion* que se batía con ella se colocó por la popa de la fragata *Clara* descargando sus bocas de fuego. La *Medusa* viendo que la fragata *Fama* se le escapaba, se cruzó pasando su botalón sobre la toldilla de la *Fama* lanzándole al mismo tiempo dos descargas que le destruyeron la popa, parte del velamen y el timón. La *Medea* y la *Clara*, a pesar de estar siendo atacadas por fuerzas superiores mantuvieron el combate hasta que, a las diez y media, aproximadamente, arriaron sus banderas. Mientras tanto, la fragata *Fama* muy tocada y con muchas bajas, siguió navegando por delante de su persecutora, la *Medusa,* hasta que fue alcanzada por la *Libely* que la batió por barlovento arriando su bandera entre las dos y media y las tres de la tarde.

Según las palabras de Tomás de Iriarte, embarcado en la *Clara* cuando era un niño:

La catástrofe de la *Mercedes* fue aún más impresionante por tener abordo algunas familias de pasaje, entre ellas la de Don Diego de Alvear que después de haber estado en América cerca de 30 años y casado en Buenos Aires, regresaba a Europa con una fortuna considerable acompañado de su esposa, la porteña doña María Josefa Balbastro y ocho hijos, cuatro niños y cuatro niñas de los cuales tan solo salvó el mayor de los varones.

Aquella escena marcó mi débil espíritu contando entonces tan solo con diez años. El ruido de los cañones, el humo de la pólvora y los miembros despedazados de las desgraciadas víctimas que inundaban la cubierta, aumentaban el cuadro espantoso de una lid tan sangrienta.

Entonces, el criado filipino de un Alférez de Navío vino a sacarme del combate, me cogió del brazo y me llevó arrastrando a través de la batería por entre cadáveres y miembros palpitantes de que estaba inundado el entrepuente hasta que me dejó en la bodega con otros pasajeros que estaban rezando el rosario.

Llegó entonces un sargento de marina y nos dijo que habían arriado bandera, que era imposible que la defensa se prolongase por que la fragata estaba muy maltratada con muchos balazos a flor de agua y haciendo gran cantidad de ésta y que la fragata *Fama* había forzado velas para escapar seguida de dos fragatas inglesas con las que continuaba batiéndose.

Tan pronto como las fragatas británicas tomaron posesión de las españolas se dirigieron hacia los fragmentos de la desafortunada fragata *Mercedes*. Los botes de la *Amphion* solo pudieron rescatar a 52 personas. Todos los demás habían muerto. El balance final de bajas fue de 263 españoles frente a 5 ingleses.

Tras el combate del cabo Santa María y la pérdida de la *Mercedes*, las tres fragatas españolas capturadas *Fama, Clara* y *Medea* fueron conducidas hasta Inglaterra donde permanecieron detenidas con sus tripulaciones. Evidentemente, las fuerzas británicas no tenían intención de hundir la *Mercedes* perdiendo con ella los caudales embarcados, sino capturarla y tomar el barco y su cargamento como botín. Sin embargo, algunos testigos del combate señalan que la fragata *Amphion* disparó balas rojas, es decir balas ardiendo, prohibidas entonces en la guerra naval, contra la *Clara* y la *Mercedes*, lo que pudo provocar el incendio de la Santabárbara de esta última.

Sabina de Alvear, hija del segundo comandante, comentó el desagravio sufrido por España:

El combate del Cabo de Santa María, en tiempo de paz, fue calificado como un atroz atentado del que la misma Inglaterra se espantó, y por todas partes el clamor que se levantó contra el Gobierno fue general, sin que éste lograra ni justificarse ni disculparlo.

El rumor de que aquellas fragatas traían grandes tesoros para el emperador Napoleón no salió cierto, y ni aun siéndolo, era motivo para tal agresión entre naciones civilizadas.

El combate del cabo de Santa María y el hundimiento de la fragata *Mercedes* fue, sin duda, un factor determinante para que la Corona española decidiera finalmente declarar la guerra a Gran Bretaña.

En busca del tesoro a más de mil metros de profundidad

Casi dos siglos después de aquel trágico combate, en el mes de diciembre de 1999 una empresa de trabajos oceanográficos llamada Odyssey Marine Exploration solicitó permiso para realizar prospecciones arqueológicas subacuáticas con el objetivo de localizar el *Sussex*, navío de línea británico hundido en el Estrecho de Gibraltar en el siglo XVII. Ahora sabemos que no era más que una tapadera para buscar otro tipo de naufragios. El Ministerio de Educación y Cultura de España otorgó dicha autorización bajo la condición de notificar cualquier otro hallazgo y prohibiendo de forma clara y rotunda la extracción de cualquier tipo de material arqueológico.

En 2007, doscientos años después del hundimiento de la fragata *Mercedes*, la compañía Odyssey Marine Exploration, sin permiso para hacerlo, decide unilateralmente, buscar los restos de la fragata *Mercedes* y gracias a la información de archivo proporcionada por una conocida historiadora afincada en Sevilla, los encuentra. Entre los meses de abril y mayo de 2007, la empresa procedió a la extracción masiva de miles de monedas de su cargamento obteniendo cerca de 600 000 piezas, además de algunos otros objetos, trasladándolos de manera encubierta a Estados Unidos. Odyssey dio la noticia generando una gran expectación mediática, presentando el hallazgo como el mayor descubrimiento de monedas de época colonial jamás encontrado, pero ocultando deliberadamente el nombre y la nacionalidad del buque.

El conjunto de monedas junto a otras piezas tales como cerámicas, piedras de lastre, lingotes de estaño y cobre, munición, eslabones de cadena, lentes de instrumental de navegación, hebillas de zapato y botones fueron trasladados a los Estados Unidos. En Gibraltar, dejaron, sin acceso durante el litigio, monedas dañadas por efectos de una explosión, botones de uniformes militares y piezas con iniciales de sus dueños, restos que podían aportar alguna información sobre la identificación del naufragio. En el fondo marino, en un contexto notablemente alterado, quedaron cañones, fragmentos del forro de cobre que cubría el casco, vajillas y otros objetos del cargamento.

Una vez en Tampa, Florida, la empresa americana solicitó el reconocimiento de sus derechos sobre este naufragio mientras el Gobierno español, el mismo día, reclamó a Odyssey información sobre el contenido y posición de este hallazgo advirtiéndole acerca de la política de los Estados Unidos en cuanto a la protección de los buques de estado y la necesidad expresa de la autorización del Estado de pabellón para cualquier actividad de rescate.

Diez días después, el Estado español se personó ante el Tribunal de Tampa solicitando la identificación inmediata del naufragio y de la carga para proceder a reclamar su propiedad en el caso de confirmarse que era un buque de estado español. En poco tiempo se comprueban las sospechas. Efectivamente, el barco hundido localizado por Odyssey en aguas internacionales era la fragata española *Nuestra Señora de las Mercedes*. Comenzaba un nuevo combate. Esta vez en los juzgados. Dado que el caso se había iniciado en los Estados Unidos, la Dirección General de Bellas Artes del Ministerio de Educación, Cultura y Deporte, encargó la defensa al bufete americano que anteriormente, allá por el año 2000, había defendido con éxito los derechos de las naves españolas *Juno* y *Galga* frente a la empresa Sea Hunt.

Ante el juez norteamericano, España demostró con rotundidad que el naufragio expoliado correspondía a la fragata *Nuestra Señora de las Mercedes*, perteneciente a la Armada española, y por tanto un buque de Estado en una misión de Estado, sujeto al principio de inmunidad soberana sobre el que Odyssey no tenían ningún derecho a intervenir sin el debido permiso. Los documentos aportados, procedentes de diferentes archivos españoles, así como las declaraciones de diversos especialistas en historia naval y en arqueología subacuática quedaron sobre la mesa del juez. Según Odyssey, las pruebas presentadas por España no eran suficientes para hacer corresponder los restos extraídos por sus robots submarinos a 1100 metros de profundidad con los de la fragata española *Nuestra Señora de las Mercedes*. Esencialmente, según Odyssey, porque los reales de a ocho españoles encontrados por toneladas eran moneda corriente en la época y podían ir embarcados en una nave de otra nacionalidad. Ante el juez, España siguió argumentando y recopilando pruebas evidentes que fueron demostrando que el naufragio expoliado era, sin lugar a dudas, la fragata española *Nuestra Señora de las Mercedes*. Por un lado, la ubicación del sitio arqueológico concordaba con la posición indicada en los registros de la época, al igual que la proporción, origen y datación de las monedas de oro y plata, encajaban perfectamente con los registros de carga. También cuadraban los calibres de las piezas de artillería de hierro de a 6 y a 12 libras registrados por el ROV en el naufragio, dos cañones de bronce inutilizados que formaban parte del cargamento, los lingotes de cobre y estaño y algunos fragmentos de planchas de cobre que forraban el casco.

Figura. 17. Vista del modelo a escala de la fragata *Mercedes* y secciones transversal y longitudinal.

Ante tales evidencias y tras comprobar que Odyssey había estado durante más de un año recopilando información de la fragata *Nuestra Señora de la Mercedes* en archivos españoles, demostrando que nunca fue un hallazgo casual, el 3 de junio de 2009 el juez estadounidense M. Pizzo concluyó que el mutuo respeto entre las naciones requiere que el lugar donde se encuentra el naufragio *Nuestra Señora de las Mercedes*, con todas las personas que perecieron en aquel día fatídico permanezca inalterado. El Derecho internacional reconoce la solemnidad del lugar donde yacen y los intereses soberanos de España en preservarlo.

El 22 de diciembre de 2009 el Tribunal Federal de Tampa reafirmó los derechos de España sobre la fragata y sobre «todos los objetos materiales que fueron ilegalmente sustraídos por la empresa Odyssey del lugar donde yace». Y señaló que, indiscutiblemente, «es un barco de la Armada española y que la fragata, la carga y los restos humanos son patrimonio español. La *Mercedes* ha sido irreparablemente perturbada y su carga llevada a los Estados Unidos sin el consentimiento de España».

Finalmente, el 21 de septiembre de 2011 el Tribunal de Apelaciones desestimó los recursos interpuestos por Odyssey mientras el juez de Tampa en septiembre de 2013 subrayó la mala fe de Odyssey durante todo el litigio al negarse a identificar el naufragio, y agotar todos los recursos a pesar de que sabían, desde el principio, que se trataba de la fragata española *Nuestra Señora de las Mercedes*. Por ello, obligó a Odyssey a pagar parte de los costes del proceso asumidos por España. Aquel juicio dejó, por fin, de ser noticia en los medios de comunicación cuando, el 25 de febrero de 2012, dos aviones de la Fuerza Aérea Española aterrizaron en la base aérea de Torrejón con las casi 600 000 monedas y otros objetos expoliados de la *Mercedes*. Poco después, los materiales arqueológicos que habían quedado en Gibraltar fueron entregados en dos lotes, el último, el día 19 de julio de 2013.

Es curioso que entre los últimos materiales depositados por Odyssey figuraban algunas pruebas claras que identificaban a la fragata *Mercedes*, como un conjunto de reales de a ocho ennegrecidos y doblados por efecto de una explosión y un lote de botones de un marino con las siglas RL/Marina, la Real Marina española.

Este duro combate jurídico, ganado por puntos, supuso un hito en la lucha contra el expolio del Patrimonio Cultural Subacuático a nivel internacional y fortaleció la opinión de la sociedad acerca de la explotación comercial de los restos arqueológicos subacuáticos, testimonios de nuestra historia marítima, por los que, claramente, mereció la pena litigar.

Para reconocer el daño causado al naufragio y evaluar el destrozo sufrido por el contexto arqueológico alterado para siempre por Odyssey, el Ministerio de Cultura de España con la colaboración del Instituto Español de Oceanografía y la Armada española, llevó a cabo tres campañas arqueológicas subacuáticas, en 2015, 2016 y 2017, sobre los restos de la fragata *Mercedes*, dirigidas por Iván Negueruela, entonces director del Museo Nacional de Arqueología subacuática. Tres campañas que han supuesto, además, nuevos hitos en la historia de la arqueología subacuática, por su profundidad, 1100 metros, por su rigurosidad técnica, mediante el empleo del moderno ROV Liropus 2000 con accesorios de limpieza y excavación, y por confirmar, de forma científica, que aquellos restos son los de la fragata *Mercedes*. Gracias a estas tres intervenciones se pudo realizar un estudio completo del fondo marino en la zona del naufragio, se delimitó la dispersión de los restos y se recuperaron objetos singulares y únicos de esta fragata, tales como dos de las grandes culebrinas de bronce de los siglos XVI y XVII, registradas como piezas para fundir, y un conjunto de piezas de plata y un almirez de oro, que figuraban en el registro de carga del barco a nombre del capitán José Goycoa, cuyas iniciales J.G., están grabadas en el mango de uno de los cubiertos de plata.

Estos avances en la investigación supusieron la distinción de «mejores prácticas», en la VII Asamblea de 2019, que la UNESCO otorga a los proyectos más significativos sobre el patrimonio cultural sumergido por su interés científico y sus buenas prácticas metodológicas, colocando a España a la cabeza de la arqueológica subacuática internacional.

17. Amenazas y debilidades

El hombre contra el mar

Probablemente, sin el avance tecnológico que supuso la escafandra autónoma de Cousteau y Gagnan, la arqueología submarina no hubiera evolucionado tan rápido. Seguramente, los arqueólogos habrían tardado muchos más años en descubrir el gran museo de naufragios que es el fondo del mar, y hoy no podríamos hablar de los más de cien barcos excavados y estudiados por esta ciencia. Pero, probablemente también, los yacimientos arqueológicos submarinos se habrían mantenido muchos más siglos a salvo del expolio, el saqueo y la compraventa a la que han estado sometidos desde que se generalizó el invento de Cousteau y Gagnan. En apenas cincuenta años, el patrimonio arqueológico sumergido ha sufrido mucho más que en los siglos y siglos que ha estado olvidado bajo el mar. La generalización de un equipo de inmersión tan sencillo de manejar y al alcance de todos, unido a la moda masificada y despreocupada por el buceo, se ha convertido en el peor de sus enemigos.

Desde los años sesenta en adelante y asociado a la cultura del bienestar se produce un fenómeno de expansión del deporte del submarinismo y de la pesca submarina sin que haya habido una evaluación previa de su impacto. Miles de buceadores entran y salen del mar en puntos muy concretos del Mediterráneo o del mar Caribe. Son buceadores y pescadores submarinos bien entrenados, pero sin una conciencia general de las consecuencias que puede tener su presencia masiva bajo el mar. Los nuevos turistas del fondo submarino acostumbran a extraer plantas y animales del fondo como recuerdos, suelen dar de comer a algunas especies, alterando sus instintos de supervivencia, anclan sus embarcaciones sobre los fondos de posidonia, navegan bajo el agua despreocupados, aleteando sobre la flora, y llegan a saltarse todas las reglas de la cinegética pescando con las botellas de aire comprimido a la espalda. Bajo el mismo patrón de comportamiento, extraen del fondo objetos arqueológicos de forma indiscriminada. Tanto es así, que para muchos buceadores el hallazgo de restos históricos es el mayor aliciente del submarinismo. A la mayoría de los buceadores les fascinan los tesoros, hallar bajo el mar objetos de valor incalculable, sin dueño que los reclame, e imaginar que son riquezas que en su día pudieron pertenecer a algún antiguo navegante o, quizá, a un pirata que acababa de robárselas a la corona de cualquier país enemigo.

Entre los años sesenta y ochenta, en el Mediterráneo se destruyeron más de mil yacimientos arqueológicos submarinos, robando cargamentos enteros de barcos romanos, medievales y modernos.

Figura. 18. Embarcación de una compañía de rescate subacuático en tareas de prospección en la bahía de Samaná.

Al otro lado del Atlántico, en las aguas caribeñas o en las costas de Florida, donde la búsqueda de tesoros es una práctica habitual, bien vista y, además, muy rentable, los *tresasure hunters,* animados por una legislación absolutamente despreocupada y empujados por la existencia verificada de cargamentos realmente valiosos, y fácilmente comercializables, llevan a cabo grandes expediciones de rescate, tratando de localizar los barcos españoles de la Carrera de Indias que volvían cargados con suculentos tesoros. Pero esto no es arqueología. La palabra tesoro no es una palabra que los arqueólogos empleemos mucho, y cuando lo hacemos define, más bien, el enterramiento u ocultamiento de monedas y objetos de valor ante un posible ataque inesperado. Raramente nos referiremos con la palabra tesoro a los cargamentos de oro y plata, a las monedas o las joyas que iban y venían de América, ni a los cargamentos anfóricos o los lingotes de plomo y cobre del Mediterráneo antiguo. Para el arqueólogo cualquiera de estas piezas, independiente de su valor intrínseco, forma parte del conjunto de un yacimiento arqueológico, bienes históricos que pertenecen por ley al Estado al que corresponden las aguas en las que han aparecido, y no a cualquier buceador que los encuentre.

En el caso español, el patrimonio arqueológico sumergido está debidamente legislado desde hace años por la vigente Ley de Patrimonio Histórico de 1985. Esta ley, en su título V (Del patrimonio arqueológico), artículo 40.1.1.º dice textualmente:

> Forman parte del Patrimonio Histórico Español los bienes muebles e inmuebles de carácter histórico, susceptibles de ser estudiados con metodología arqueológica, hayan sido o no extraídos, y tanto si se encuentran en la superficie o en el subsuelo, en el mar territorial o en la plataforma continental. Forman parte, asimismo, de este Patrimonio los elementos geológicos y paleontológicos relacionados con la historia del hombre, sus orígenes y antecedentes.

Se entiende por mar territorial la franja de mar existente entre la línea de bajamar, a lo largo de la costa y una línea paralela situada entre las dos y las seis millas, y la plataforma litoral, a la que se refiere la ley, es la zona comprendida entre el mar territorial y la línea batimétrica que marca los doscientos metros de profundidad.

En el artículo 22.1 del mismo título V, la Ley de Patrimonio Histórico define tres tipos de intervención arqueológica en tierra o bajo el agua:

Son excavaciones arqueológicas las remociones en la superficie, en el subsuelo o en los medios subacuáticos que se realicen con el fin de descubrir e investigar toda clase de restos históricos o paleontológicos, así como los componentes geológicos con ellos relacionados.

Son prospecciones arqueológicas las exploraciones superficiales o subacuáticas, sin remoción de terreno, dirigidas al estudio, investigación o examen de datos sobre cualquiera de los elementos a que se refiere el apartado anterior.

Por último:

Se consideran hallazgos casuales los descubrimientos de objetos y restos materiales que, poseyendo los valores que son propios del Patrimonio Histórico Español, se hayan producido por azar o como consecuencia de cualquier otro tipo de remociones de tierra, demoliciones u obras de cualquier índole.

Estas definiciones refuerzan claramente una idea fundamental: la idea de que la arqueología solo es una, ya estén los restos en tierra, bajo el agua o en el fondo de una cueva. La ley no establece ninguna diferencia legal entre la arqueología en tierra y la arqueología bajo el agua, ya que los objetivos son los mismos, y casi todos los métodos y las técnicas de intervención son adaptables de un medio a otro. La diferencia radica, evidentemente, en la especialización profesional que cada medio requiere. Para excavar en una cueva es necesario que el arqueólogo sepa desenvolverse con la habilidad de un espeleólogo y pueda adaptar un sistema de excavación con cuadrícula a un espacio irregular y oscuro. En el medio subacuático el arqueólogo habrá de moverse bajo el agua a la perfección para poder adaptar las técnicas arqueológicas a un medio acuático, ingrávido y con poca visibilidad.

En este sentido, una de las cuestiones que más han permitido el expolio y la confusión entre la arqueología submarina y el rescate de restos arqueológicos sin una metodología apropiada ha sido la escasez de arqueólogos expertos en el submarinismo, y lo tarde que estos se han introducido en el medio subacuático. Antes que ellos, han sido siempre los buscadores de esponjas, los buceadores deportivos, los profesionales, los pescadores, los marinos y los militares, los que han pasado por los lugares arqueológicos más importantes de la historia. Bien es cierto que, sin el descubrimiento por parte de estos buceadores, nunca se hubieran detectado los restos sumergidos, y que toda disciplina científica pasa primero por una etapa en la que los aficionados, con su entusiasmo y su falta de metodología, son pioneros indiscutibles de la investigación. Pero, también es cierto que, según el nivel cultural y económico de cada país, este período en el que la ciencia, la arqueología, en este caso, es tierra de nadie, va seguido de otro en el que esta actividad arqueológica queda totalmente regulada y legislada, estableciéndose inmediatamente una barrera evidente entre la investigación arqueológica, la actividad de rescate comercial y el expolio. Una barrera que diferencia claramente a quienes estudian, protegen y divulgan, frente a aquellos que simplemente rebuscan, seleccionan y venden o, peor aún, los que sencillamente roban y destruyen un patrimonio que es de todos, que forma parte de nuestra historia.

Es significativo que la mayor parte de los naufragios que he mencionado en este libro y, desde luego, la totalidad de los que yo he podido conocer en mis veinte años de actividad en esta especialidad de la arqueología, hayan sido localizados y expoliados por buscadores de tesoros o por románticos aficionados al buceo en busca de recuerdos que exhibir y aventuras que contar.

La ley de 1985 también habla de estas excavaciones clandestinas y del expolio, y dicta con toda claridad, en su artículo 42.1., que:

> Toda excavación o prospección arqueológica deberá ser expresamente autorizada por la Administración competente, que, mediante los procedimientos de inspección y control idóneos, comprobará que los trabajos estén planteados y desarrollados conforme a un programa detallado y coherente que contenga los requisitos concernientes a la conveniencia, profesionalidad e interés científico.

Y, a diferencia de otros países con legislaciones permisivas con los repartos de objetos arqueológicos entre buscadores de tesoros y el estado, la ley española aclara que:

> La autorización para realizar excavaciones o prospecciones arqueológicas obliga a los beneficiarios a entregar los objetos obtenidos, debidamente inventariados, catalogados, y acompañados de una Memoria, al Museo o Centro que la Administración competente determine y en el plazo que se fije.

De manera que, serán ilícitas y sus responsables serán sancionados con multas de entre sesenta mil y seiscientos mil euros las excavaciones o prospecciones arqueológicas realizadas sin la autorización correspondiente, así como las obras de remoción de tierra, fuera o dentro del agua, la demolición o cualquier otro tipo de obra realizada con posterioridad en el lugar en el que se haya producido un hallazgo casual de objetos arqueológicos, aunque este no hubiera sido comunicado a la Administración competente.

Con respecto a la titularidad del Estado de los bienes históricos y arqueológicos la ley española no deja lugar a dudas:

Son bienes de dominio público todos los objetos y restos materiales que posean los valores que son propios del Patrimonio Histórico Español y sean descubiertos como consecuencia de excavaciones, remociones de tierra u obras de cualquier índole o por azar. El descubridor deberá comunicar a la Administración competente su descubrimiento en el plazo máximo de treinta días e inmediatamente cuando se trate de hallazgos casuales.

Especial atención otorga la Ley de Patrimonio Histórico a la lucha contra el expolio y la compraventa de objetos arqueológicos definiendo el expolio como:

Toda acción u omisión que ponga en peligro de pérdida o destrucción todos o alguno de los valores de los bienes que integran el Patrimonio Histórico Español o perturbe el cumplimiento de su función social. La ley penal sancionará los delitos contra este Patrimonio.

Y es que, como decíamos al inicio de este capítulo final, en apenas cincuenta años, el deterioro antrópico al que se han visto sometidos los restos arqueológicos submarinos ha sido mucho mayor y más intenso que en los siglos que han pasado desde su hundimiento. Ante esta situación, solo la educación y el cumplimiento estricto de la legislación permitirán proteger los restos de nuestro pasado de un expolio cada vez más duro y despiadado. Para ello, es necesario tener conocimiento exacto del lugar en el que están los hundimientos y cuáles son sus características. Por eso, durante los últimos veinte años, la tendencia principal de la arqueología submarina ha sido la de hacer inventarios de yacimientos y prospecciones arqueológicas submarinas, para tener instrumentos de protección, para poder declarar zonas arqueológicas y para conocer las principales amenazas que acechan al patrimonio arqueológico sumergido.

En este sentido, podríamos hablar de algunas actividades como la pesca, el buceo deportivo y las construcciones portuarias, que son actividades humanas perfectamente lícitas, pero que, sin un debido control, pueden hacer mucho daño al patrimonio arqueológico sumergido, y, otras, como las excavaciones ilegales o las excavaciones de buscadores de tesoros con fines comerciales, que pretenden convertir en ciencia lo que realmente es pillaje. Muchos pescadores pasean sus redes de arrastre sobre los restos de barcos históricos hundidos sin mayor preocupación, destrozando los fondos en los que vive la fauna y la flora submarina, deshaciendo, literalmente, restos arqueológicos de enorme importancia histórica. Si, por casualidad, aparecen entre las redes los restos de un ánfora o de madera del casco de un barco antiguo, normalmente se deshacen de ellos con el mismo desconocimiento con el que los encontraron y sin llegar, casi nunca, a dar parte del hallazgo. Se trata, por tanto, de un daño indirecto, accidental, pero, por desgracia, mucho más frecuente de lo que quisiéramos, al menos en las aguas del Mediterráneo, donde la pesca de arrastre y sus formas derivadas no están aún debidamente controladas.

La segunda gran amenaza contra el patrimonio arqueológico sumergido es mucho más directa y su actividad muy difícil de detectar. Se trata de buceadores sin escrúpulo cuyo conocimiento del medio y sus recursos les permiten hacer verdaderos estragos arqueológicos sin dejar ni rastro bajo, la creencia de que seguimos viviendo con las leyes del mar de la época de los piratas y los corsarios, en la que lo que uno encontraba abandonado en el mar, y no tenía dueño, pasaba a ser propiedad del descubridor. Durante años, los buceadores aficionados y los profesionales han obviado la legislación sobre el patrimonio y han aprovechado la falta de control por parte de los agentes policiales y militares para llevar a cabo excavaciones clandestinas. Esto no significa que la generalidad de los buceadores se dedique al pillaje, nada más lejos de la realidad. De hecho, en los cursos de iniciación al submarinismo se aconseja no mover ningún resto arqueológico, sino comunicar los hallazgos a la autoridad competente. Como aconsejan, también, el respeto a las especies marinas, a la flora y a la fauna.

La tercera amenaza, por parte de una actividad legal, consiste en las obras portuarias y los vertidos incontrolados. En nuestro país, hasta hace muy pocos años, los vertidos urbanos e industriales de las ciudades e instalaciones litorales se realizaban con total impunidad al mar, depositando cantidades ingentes de sedimentos, a veces incluso sin tratar, a pocos kilómetros de playas turísticas o de ciudades marítimas. En algunos casos, los sedimentos han sido tantos y de tal potencia que han colmatado totalmente playas y bahías destruyendo irremediablemente el patrimonio natural y cultural submarino.

También, las construcciones portuarias han hecho estragos sobre los barcos antiguos y los restos de estructuras arquitectónicas de carácter histórico. Los dragados de los canales de entrada a los puertos modernos, la construcción de pilares para soportar muelles, los diques de contención del oleaje, los malecones, los emisarios de salida de residuos, se han construido, hasta hace muy poco tiempo, e incluso en la actualidad, evadiendo los controles existentes y causando un impacto absolutamente destructor en el medio submarino. Aunque la ley en muchos países contempla esta amenaza y obliga a la realización de prospecciones arqueológicas submarinas y a la elaboración de estudios de impacto medioambiental para determinar la posible existencia de restos arqueológicos, la práctica demuestra que una gran parte de las obras portuarias se hace sin control alguno.

Por otro lado, entre las actividades que podríamos clasificar como pseudo-arqueología están las de las compañías de rescate, con gran poder adquisitivo, que aprovechan la falta de protección del patrimonio arqueológico sumergido y la debilidad o ambigüedad de la legislación de algunos países para establecer contratos de explotación de naufragios.

En estos contratos, que a veces abarcan una zona geográfica extensa con varios hundimientos, suelen establecerse cláusulas que determinan la zona, la duración del contrato y las condiciones del reparto de los objetos hallados. En este último aspecto es donde radica la verdadera naturaleza del expolio. Muchos cazatesoros dividen sus hallazgos al cincuenta por ciento con los gobiernos adjudicatarios de la concesión de explotación, especificando que, en los casos en los que haya piezas únicas, estas irán a parar al patrimonio del país contratante, así como aquellas piezas que por su naturaleza (tamaño, material, estado de conservación) no sean interesantes para su comercialización por parte de la compañía de rescate. Estos contratos raramente contemplan cláusulas que especifiquen el método de recuperación de los objetos, ni el control de la venta ejercida por el cazatesoros.

Cuando un buceador de una compañía de rescate está a veinte metros de profundidad extrayendo restos de un barco hundido, le interesa encontrar objetos fáciles de comercializar, es decir, piezas de joyería, vajillas suntuosas, monedas..., y no fragmentos de cerámica común, huesos de los animales o piezas irreconocibles o concrecionadas que nunca podrán vender. Las mangueras de succión trabajan a toda potencia para encontrar lo antes posible esos objetos, creando montañas enteras de piezas fracturadas, desechadas y descontextualizadas. A ningún cazatesoros se le ocurre gastar el tiempo de sus buceadores en recoger piezas por las que sabe nadie que pujaría en una subasta, aunque contengan una información arqueológica primordial, de manera que la lectura que se hace del yacimiento suele ser muy pobre. El escenario del accidente se destruye sin miramientos para buscar el objeto codiciado. Esto no es arqueología. Como muy bien decía el arqueólogo inglés sir Mortimer Wheeler en su libro *Arqueología de campo*: «La arqueología no recupera objetos, sino gentes». O lo que es lo mismo, historias, sucesos y acontecimientos, leídos en los objetos y en su contexto.

Esto es algo que los buscadores de tesoros pasan por alto. El único control que existe sobre su trabajo, en el mejor de los casos, es el de un miembro gubernamental, que no siempre sabe bucear, y que, cuando lo hace, es bajo un desconocimiento total de la metodología arqueológica, limitándose a realizar un inventario de las piezas que los buceadores suben a bordo para controlar, después, el reparto según los porcentajes establecidos en el contrato de explotación. Además, en las excavaciones realizadas por cazatesoros o por aficionados a la arqueología, no suelen realizarse planos exhaustivos del lugar de los hallazgos ni se recogen muestras de restos óseos, resinas, maderas, semillas, etcétera. Tampoco se hacen análisis de ningún tipo para esclarecer el origen de las piezas o la naturaleza de los materiales, ya que, desde el punto de vista comercial, basta saber que pertenecen a un naufragio concreto y sobra, pues, conocer el origen verdadero de las manufacturas o las materias primas. Su único afán es extraer el máximo número de objetos de fácil comercialización en el menor tiempo posible y en el mejor estado de conservación posible. Y si las cosas se ponen difíciles y la legislación cambia en el transcurso de los años en los que la compañía de rescate está trabajando en un hundimiento, se soluciona incorporando algún arqueólogo al estudio de las piezas ya extraídas para justificar la presencia de profesionales en la intervención.

Así ocurrió en el famoso *Atocha*, la aventura arqueológica de más de cuatrocientos millones de dólares, en la que el arqueólogo Duncan Mathewson III trabajó con el gran buscador de tesoros Mel Fisher y su familia para dar cobertura científica a un rescate que había comenzado mucho antes de que Duncan viera por primera vez los restos del galeón español.

Otro aspecto interesante en los contratos con compañías de rescate comercial es el control de la venta de los objetos. Si bien lo correcto en todos los casos es que estos bienes culturales vayan a parar a un museo, de manera que todo el mundo pueda disfrutar de un patrimonio que es de todos, llegado el caso, en el que los objetos hayan sido ya repartidos según antiguos contratos, será fundamental que el gobierno del país en cuestión exija al buscador de tesoros la documentación de cada una de las ventas realizadas, constando en ella el nombre del comprador, el número de inventario de la pieza adquirida, la fecha de compra, el lugar de residencia y el estado de conservación. Es importante, también, obligar al comprador a aceptar varios compromisos. En primer lugar, permitir la inspección de la pieza adquirida por parte de la autoridad gubernamental competente en cualquier momento. En segundo lugar, garantizar su estado de conservación e informar con inmediatez de cualquier deterioro que pudiera producirse. Además, informar de cualquier tipo de transacción o herencia que la pieza pueda sufrir. Y, por último, permitir el estudio directo por parte de investigadores autorizados siempre que se estime oportuno. Solo de esta manera puede legitimarse una acción comercial con un patrimonio que está permanentemente en peligro de extinción. Sin embargo, la tónica habitual, no suele ser esta. En los modelos de contrato que he podido conocer, los buscadores de tesoros operan con contratos muy poco restrictivos.

Pero, lo más sorprendente es la capacidad que tienen algunos gobiernos de convertir el expolio de un cazatesoros en un verdadero éxito arqueológico. Están orgullosos de los museos que han creado con el tanto por ciento de los objetos descontextualizados que les ha correspondido. Es más, en ocasiones ven mucho más rentable, culturalmente, la actividad de los cazatesoros, que en poco tiempo aporta cantidades ingentes de objetos arqueológicos, que la de algunas universidades o museos que, en el mismo tiempo, extraen mucha información, pero muchos menos objetos que exhibir.

En las últimos tres décadas han sido muchos los casos que se han conocido relacionados con este tipo de actividad, con el expolio, con intervenciones sin metodología arqueológica y con proyectos que incluían la comercialización de objetos procedentes de naufragios históricos. Basta mencionar los casos del galeón *San Diego*, hundido en aguas de Filipinas (1600); la fragata *Mercedes* (1804), a la que hemos dedicado un apartado de este libro; el galeón *Nuestra Señora de las Maravillas* (1655), encallado en un banco de arena en las islas Bahamas; el *San José* de la Armada del Mar del Sur, naufragado en el Archipiélago de las Perlas, en Panamá (1631); la flota combinada de 1715, hundida en aguas del cabo Cañaveral, en la Florida o el caso más reciente del galeón *San José*, localizado a más de 600 metros de profundidad en las costas de Colombia (1708).

Figura 19. Miembros del equipo del Proyecto Galeones de Azogue documentando los restos de un naufragio.

Esperamos que este panorama vaya cambiando, que siga un rumbo diferente y que cada año sean más los países que ratifiquen la Convención de la UNESCO sobre Patrimonio

Cultural Subacuático de 2001. Actualmente, son ya cuarenta y dos los países de todo el mundo que la han ratificado, sumándose rotundamente a la protección del patrimonio cultural subacuático. Un legado que debemos investigar, documentar y conservar para las generaciones futuras. Un legado que debemos compartir y no repartir.

Epílogo
Navegaciones y naufragios

por Ignacio Quintana Pedrós[*]

No siendo yo arqueólogo ni submarinista, además de aceptar la generosa propuesta del autor, tengo que razonar la osadía de cerrar este libro con mi epílogo. Mi estrecha relación con la política cultural española, en la que he remado con fuerza durante varias décadas, y mi amistad, antigua y permanente, con Carlos León, quizá puedan proporcionar alguna justificación a los lectores.

Carlos León Amores, es doctor en Estudios del Mundo Antiguo por la Universidad Autónoma de Madrid. Es uno de los arqueólogos subacuáticos más reconocidos de nuestro país, que llegó a esta especialidad uniendo dos de sus principales pasiones: la arqueología y el buceo.

Entre los años 1986 y 1987 formó parte del equipo de estudiantes de arqueología que realizaban prospecciones y

* Ignacio Quintana Pedrós ha sido subsecretario del Ministerio de Cultura de España

excavaciones organizadas por el Ministerio de Cultura de España, dentro del Plan Nacional de Documentación del Litoral en las costas de Ibiza, Málaga, Granada, Almería y Murcia.

En 1988, terminados sus estudios de Prehistoria y Arqueología, se incorporó al Centro Nacional de Investigaciones Arqueológicas Submarinas de Cartagena, dependiente del Ministerio de Cultura. Allí trabajó hasta 1993, localizando y estudiando naves hundidas de distintas épocas históricas, entre ellas, el barco romano de Es Racó des Grum de Sal, en la isla de Conejera (Ibiza), hundido a 20 metros de profundidad, del que redactó varios artículos en revistas especializadas en arqueología naval y subacuática junto a la arqueóloga Belén Martínez, al catedrático de la Escuela Técnica de Ingenieros Navales, Francisco Fernández y a uno de sus alumnos de ingeniería naval, Cruz Apestegui, especialista en el dibujo y la planimetría de restos de naufragios bajo el mar.

Fue en aquellos años ochenta cuando conocí a Carlos León. Coincidimos en la sociedad estatal que preparaba para 1992 la Exposición Universal en Sevilla. En 1987 fui nombrado director cultural de esa Expo-92, bajo las órdenes de Jacinto Pellón, eficaz ingeniero de caminos, canales y puertos, apasionado del mar y navegante sin fronteras, con quien Carlos colaborará muchos años después en un proyecto sobre el patrimonio arqueológico subacuático de Panamá.

Al hilo de aquella Exposición Universal, que tanto resaltó los logros de los marinos, navegantes y descubridores españoles, se realizaron estudios muy interesantes de arqueología bajo el mar, entre ellos algunas prospecciones subacuáticas en la bahía de Cádiz, empleando las últimas tecnologías de teledetección submarina, en las que participaron arqueólogos españoles, ingleses y norteamericanos, entre ellos el recién licenciado Carlos León.

Posteriormente, Carlos trabajó en la República Dominicana, de nuevo con Cruz Apestegui, estudiando el naufragio del navío *Nuestra Señora de Guadalupe*, que formaba parte de la flota española de azogues. Este navío desapareció en 1724 en medio de un temporal ocurrido en la bahía de Samaná, en la República Dominicana. Después de este importante trabajo arqueológico, realizado en los años 1994 y 1995, se organizó la exposición «Huracán 1724», financiada por la Fundación La Caixa, primero en el Museo de la Ciencia de Barcelona y después en el CosmoCaixa de Madrid, con una selección de objetos de este naufragio arropados por espectaculares escenografías, maquetas, interactivos y acuarios.

Allí, en el marco de aquella exposición volvimos a conectar profesionalmente. Y es que, en 1999, fui nombrado director de promoción cultural del nuevo Museo de la Ciencia de La Caixa, en Madrid. Y precisamente aquella espléndida exposición, «Huracán 1724», sirvió para presentar e impulsar CosmoCaixa, ese nuevo museo inaugurado por el Rey Juan Carlos. Entre el equipo de la Fundación La Caixa y el equipo del Proyecto Galeones de Azogue dirigido por Pedro Borrell, Cruz Apestegui, Manu Izaguirre y Carlos León, realizamos muchos eventos, reuniones científicas, jornadas de arqueología marítima y publicaciones sobre los galeones de azogue.

Defensor permanente del patrimonio cultural sumergido, frente a la actividad de los piratas y buscadores de tesoros, Carlos León siguió impartiendo numerosas conferencias sobre los fundamentos de la arqueología submarina en universidades, museos y centros de investigación españoles y extranjeros. En este sentido, ha publicado más de cincuenta artículos científicos sobre arqueología subacuática e historia marítima y ha coordinado el Inventario de Naufragios Españoles en América por encargo de la Subdirección General de Protección del Patrimonio del Ministerio de Cultura de España.

Paralelamente, ha participado en la redacción y montaje de diversos proyectos museográficos, entre ellos, el Museo Arqueológico de Murcia, el Museo Arqueológico de Yecla, el Museo Arqueológico de la Comunidad de Madrid, el Museo de la Imprenta Municipal de Madrid, el Museo de los Orígenes de Madrid y el Museo de las Atarazanas Reales de Santo Domingo, en la República Dominicana. También ha coordinado los contenidos y la creatividad de diversas exposiciones temporales como «El último viaje de la Fragata *Mercedes*», en sus sedes del Museo Arqueológico Nacional, el Museo Naval, el Museo Arqueológico de Alicante y el Museo Nacional de Antropología e Historia de México; «La Flota de Nueva España y la búsqueda del galeón *Nuestra Señora del Juncal*», en el Archivo General de Indias de Sevilla y en el Museo de América de Madrid; y «Fuimos los primeros. Magallanes, Elcano y la vuelta al mundo», en el Museo naval de Madrid. Siempre hablando de arqueología, historia, navegación y barcos hundidos.

La segunda edición de *Buceando en el pasado. Los grandes naufragios de la historia*, el libro que ustedes tienen en sus manos, es una recopilación ampliada y actualizada de los naufragios más interesantes de la arqueología submarina en las costas del Mediterráneo y en los mares americanos. Uno por uno, Carlos León describe con detalle los pormenores de la historia de cada hundimiento, con un lenguaje que mezcla la terminología científica propia de la arqueología naval con el anecdotario de sucesos ocurridos durante las campañas de localización y excavación. El libro aproxima al lector a esas aventuras, recomponiendo los restos arqueológicos diseminados por el fondo del mar, descubriendo historias submarinas, recuperando magníficos objetos y describiendo el proceso tecnológico vinculado a esa búsqueda que llevan a cabo los arqueólogos.

Para quienes no buceamos, Carlos León hace el papel de guía que nos transporta literariamente hasta los fondos submarinos, recorriendo diferentes barcos hundidos. Cada capítulo es un hallazgo, una cápsula en el tiempo, gracias a la cuál hoy podemos conocer mejor nuestra historia, así como las historias concretas de la navegación y la construcción naval de nuestros antepasados desde la Edad del Bronce hasta el siglo XIX.

Así concluyo el epílogo de esta segunda edición de *Buceando en el Pasado* de Carlos León. Él ya sabe que, mientras yo exista, siempre será joven, gracias a la diferencia de edad que nos llevamos. Luego..., en todo caso, ahora y siempre, Carlos, ¡suerte, vista y al galeón!

Ignacio Quintana Pedrós

Vocabulario de términos náuticos y de construcción naval

ABORDAJE: acción de arrimar una nave a otra; asaltar a un barco enemigo.

ACHICAR: extraer el agua del interior de una embarcación con achicador manual o bomba de achique.

ALEFRIZ: canal o ranura de forma angular practicada longitudinalmente en la quilla; la roda o el codaste para encajar en ella los cantos o cabezas de las tablas del forro.

ALETA: cada uno de los maderos curvos que forman la popa; parte del costado de popa de una embarcación.

ALMADA: balsa o conjunto de troncos unidos que se conducen por los ríos y el mar.

AMANTILLO: cada uno de los cabos que sirve para mantener horizontal la verga.

AMARRA: nombre genérico del cabo empleado para sujetar una embarcación a un muelle o boya de fondeo.

AMURA: parte del costado de una embarcación donde empieza a estrecharse o afinarse para formar la proa; anchura de un barco en la octava parte de su eslora.

ANCLA: instrumento de madera o hierro con cepo de plomo o hierro respectivamente, o simplemente piedra horadada a la que se une un cabo firme a la embarcación. Sirve para evitar que el navío sea arrastrado por el viento o las corrientes al agarrarse al fondo marino.

ANILLA: argolla o garrucho de bronce, plomo, hierro, cabo o madera, que sirve para diversos usos: envergar las velas, pasar los brioles o fortalecer los ollaos de las velas.

APAGAPENOL: cabo que sirve para cargar, aferrar o quitar viento en las superficies más próximas a los penoles de las velas cuadras.

APARADURA: sobrenombre de las dos primeras tracas del forro exterior, contando a partir de la quilla.

APAREJO: conjunto de palos, vergas, jarcias y velas de una embarcación; conjunto de dos motones o cuadernales, o un motón y un cuadernal, con un cabo guarnido entre ellos, que permite realizar los trabajos con menor fuerza de la necesaria.

ARBOLADURA: conjunto de palos, vergas, mástiles y perchas de una embarcación.

ARGANEO: argolla en el extremo de la caña del ancla para unir la cadena o cabo de fondeo.

ARPEO: instrumento de hierro con cuatro garfios o ganchos empleado para cerrarse a otra nave.

Arqueo: volumen o capacidad de una embarcación.

ARRIAR: aflojar un cabo; bajar las velas.

ARRUFO: curvatura de la cubierta o de la quilla, quedando la proa y la popa más altas que el centro.

ASIENTO: diferencia entre los calados de proa y de popa.

ASTILLA MUERTA: elevación de los costados de una embarcación; elevación de las varengas sobre la horizontal del canto superior de la quilla. Se mide desde el costado hasta la tangente de la aparadura.

ASTILLA VIVA: parte superior de las cuadernas a partir de la astilla muerta.

ASTILLERO: lugar destinado a la construcción y reparación de embarcaciones en puertos, playas o rías.

ATRAQUE: lugar de un muelle u otro tipo de construcción portuaria en la que puede amarrarse una embarcación.

AZUELA: hacha de mango corto empleada por los carpinteros de ribera.

BABOR: banda o costado izquierdo de una embarcación, mirando desde popa a proa.

BALANCEO: movimiento que hace la nave inclinándose alternativamente a babor y a estribor.

BALSA: conjunto de troncos unidos que forman una plataforma flotante para el transporte fluvial.

BANCADA: banco en el que se sientan los remeros. En pequeñas embarcaciones abiertas los bancos hacen también la función de baos.

BAO: cada uno de los maderos que atraviesan de babor a estribor la embarcación y sirven para aguantar los costados y sostener la cubierta. La curvatura del bao se denomina brusca. Barca: nombre genérico de embarcación menor dedicada a la pesca, el tráfico fluvial y portuario, y como auxiliar de embarcaciones.

BARCAZA: lanchón grande empleado en la carga y descarga de embarcaciones mayores y en el transporte fluvial.

BARCO: nombre genérico que se da a toda clase de embarcación que tenga barco, es decir, hueco.

BARLOA: cabo empleado para amarrar por la proa y por la popa dos embarcaciones abarloadas.

BARRAGANETE: última pieza alta de la cuaderna; revés corto para completar la cuaderna hasta la regala.

BAUPRÉS: palo que sale de la proa en mayor o menor ángulo respecto al horizonte y al que se hacen firmes los estays del trinquete.

BICHERO: asta larga con un hierro de punta y gancho, que se utiliza en las embarcaciones menores para atracar y desatracar.

BITA: pieza situada en la cubierta para sujetar en ella el cabo de las anclas y los cabos de amarre.

BODEGA: espacio interior de las embarcaciones desde la cubierta, o cubierta más baja hasta la quilla.

BOGA: acción de bogar o remar.

BOMBA DE ACHIQUE: máquina destinada a elevar el agua de la sentina. Puede ser de cangilones, de noria o de pistones.

BORDA: canto superior del costado de un barco.

BRANQUE: equivalente a roda; pie de roda.

BRAZA: cabo firme al penol de la verga para hacerla girar horizontalmente.

BRAZO: cada una de las dos partes del ancla desde la cruz a la uña.

BRAZOLA: reborde alto o cerco de las escotillas que impide la entrada de agua y objetos al interior del casco.

BREA: betún artificial compuesto de pez, sebo, resina y otros ingredientes, que se usa para calafatear o mantener estancas las juntas del casco.

BRIOL: cada uno de los cabos que sirven para cargar las relingas de las velas cuadras.

BURDA: cada uno de los cabos que sustentan los palos a los costados del barco.

CABECEO: acción de cabecear; movimiento vertical de un barco, subiendo y bajando la proa y la popa alternativamente.

CABILLA: pieza de hierro o madera, de sección cuadrada o redonda con que se unen distintos elementos del casco a modo de clavo.

CABINA, CAMAROTE: habitación o pequeño espacio de un barco, a modo de dormitorio.

CABO: cualquier cuerda que se emplea a bordo.

CALADO: equidistancia vertical entre la quilla y la superficie del agua.

CALAFATEO: operación de rellenar de estopa las juntas de las tablas del casco para hacerlas estancas.

CALCES: parte superior de los palos mayores y masteleros de gavia.

CAMA DE BOTADURA: asiento de madera sobre el carro de un varadero, en el que se sitúa una embarcación en el momento de su botadura al agua.

CAMA DE CONSTRUCCIÓN: conjunto de picaderos y soportes dispuestos para que descanse un barco durante su construcción o varada.

CÁMARA: parte de la embarcación destinada al alojamiento de pasajeros y oficiales.

CANALETE: remo que se utiliza también como timón, bogando sin chumacera ni tolete.

CANGILÓN: cada uno de los recipientes de una bomba de achique de rosario o cangilones.

CANGREJA: ver vela cangreja.

CANOA: embarcación de una sola pieza o tronco de árbol de gran eslora y poca manga que boga con remos o canalete. También se emplea el término canoa monóxila.

CAÑA DEL ANCLA: eje del ancla desde la cruz hasta el arganeo.

CAÑA DEL REMO: parte de un remo entre el guión y la pala.

CAÑA DEL TIMÓN: palanca de madera que gira el timón.

CARENA: parte sumergida del casco de un barco u obra viva.

CARENOTE: zapatas laterales que se ponen hacia el tercio de la manga en los pantoques para defender los fondos en las varadas.

CARGAMENTO: conjunto de mercancías que transporta una embarcación.

CARLINGA: asiento en el que descansa la extremidad inferior de un palo o mecha del mástil, formado por una pieza proporcionada de madera con escopladura para engastar la coz del palo.

CARPINTERO DE RIBERA: el que tiene por oficio la construcción de embarcaciones de madera y las reparaciones a bordo. También se le denomina hachero.

CASCO: cuerpo del barco sin arboladura, ni pertrechos, ni superestructuras.

CASETA: pequeño departamento en cubierta para almacenaje o abrigo.

CASTILLO: estructura situada por encima de la cubierta desde el trinquete hasta la proa.

CINTA: fila de tablones más gruesos que los restantes del forro, colocada de proa a popa a lo largo de los costados como refuerzo longitudinal.

CINTÓN: defensa de madera, dispuesta longitudinalmente en los costados del barco, para proteger y reforzar el casco en los atraques y maniobras de abarloamiento.

CLAVIJA: pieza de madera, de pequeño tamaño y forma cilíndrica o troncocónica, utilizada para unir las llaves a las tracas del forro.

CODASTE: pieza resistente que tiene su pie en la quilla y que forma el extremo posterior del casco, cerrando la obra viva en la popa del barco.

CODERA: cabo grueso que se da por la popa o aleta de un barco para amarrarlo a un muelle o boya.

COFA: plataforma situada en los palos machos de los barcos de vela.

COJINETE: parte de una máquina destinada a servir de apoyo a un eje móvil.

CONTRAQUILLA: pieza que cubre toda la quilla por la parte interior de la embarcación.

CONSTRUCCIÓN NAVAL: conjunto de operaciones para construir una embarcación.

CORNAMUSA: pieza de metal o madera que, encorvada en sus extremos y fija en su punto medio, sirve para amarrar los cabos.

COSTADO: cada uno de los lados del casco de un barco, desde la borda hasta la línea de flotación o el pantoque.

COZ: extremidad inferior de un palo.

CRUJÍA: línea central de la cubierta en sentido proa popa, y paralela a la quilla. En las galeras, corredor de popa a proa entre los bancos de los remeros.

CUADERNA: cada una de las piezas curvas, perpendiculares a la quilla, que forman el costillaje de la nave, compuesta por varenga, genol y ligazones.

CUARTEL: entablado o tapa con la que se cierra la abertura de una escotilla.

CUBIERTA: estructura horizontal, en forma de piso, que se extiende totalmente de proa a popa y de banda a banda soportada por los baos.

CUELLO MÁSTIL: parte más delgada del palo.

CHIGRE: maquinilla con eje de giro horizontal, destinada a la operación de carga y descarga.

CHUMACERA: pequeña abertura circular o semicircular, en la que se introduce un remo para bogar sin tolete ni estrobo; horquilla de metal que se introduce en la regala.

DESPLAZAMIENTO: peso del volumen del agua desplazada por la parte sumergida del barco, es decir, el peso del mismo, que varía en función de la carga.

DRIZA: cabo o aparejo para izar una vela, una verga o una bandera.

EJE: parte de un timón de codaste.

EMBARCACIÓN: denominación general de cualquier construcción capaz de navegar.

ENTENA: vara o palo encorvado muy largo al cual está asegurada la vela latina en las embarcaciones de esta clase.

ENVERGUE: cabo delgado hecho firme en los ollaos de la vela.

ENVASE: recipiente para el transporte de productos. En la Antigüedad, el ánfora era el envase más utilizado.

ESCALAMO: tolete.

ESCANDALOSA: vela triangular por encima de la cangreja.

ESCANDALLO: pieza de plomo de forma cónica o prismática que, amarrada a un cabo, sirve para medir la profundidad del mar y recoger muestras del fondo adheridas al sebo colocado en la cavidad de la base.

ESCORA: inclinación de un barco de una a otra banda por efecto del viento, corrimiento del viento u otra causa.

ESCOTA: cabo hecho fino en los puños o pasado por un motón, sirve para cazar las velas cuadras.

ESCOTILLA: abertura rectangular o cuadrada, en la cubierta para introducir y extraer carga y efectos de las bodegas del barco.

ESLORA: longitud de un barco de proa a popa.

ESLORA TOTAL: distancia entre las perpendiculares a la flotación máxima, por los puntos más salientes en la proa y en la popa.

ESPIGA: terminación afinada de una pieza; extremo de una pieza para entrar como macho en la cajera de otra.

ESPOLÓN: remate de la proa de un barco, utilizado para atacar a las naves enemigas.

ESTABILIDAD: propiedad de un barco para recuperar su posición de equilibrio cuando la pierde por efecto del viento y de las olas.

ESTACHA: cabo grueso, empleado, generalmente, para amarrar un barco o remolcarlo.

ESTANQUEIDAD: impermeabilidad al agua.

ESTAY: cabo que sujeta la cabeza de un mástil al pie del más inmediato, para impedir que caiga hacia la popa.

ESTIBAR: colocar o distribuir, convenientemente y en su orden, todos los pesos del barco, de forma que quede en buenas condiciones para la navegación.

ESTIBADOR: encargado de las operaciones de estiba.

ESTOPA: fibra de cáñamo deshilada para taponar vías de agua y calafatear los forros.

FALSA ESCUADRA: instrumento utilizado por los carpinteros de ribera para medir ángulos.

FLECHASTE: cabos o tablones que van de obenque a obenque para trepar a las velas.

FLOTABILIDAD: propiedad de ciertos cuerpos sumergidos en un líquido para aflorar a la superficie.

FOGONADURA: agujero o abertura circular, hecha en cubierta para el paso de los palos.

FONDEO: dejar caer al fondo un ancla; acción de fondear.

FORMÓN: herramienta del carpintero de ribera.

FORRO: conjunto de tablas que cubren el casco de un barco.

FORRO EXTERIOR: ver forro.

GALEOTA: pieza de las escotillas sobre la que descansan los cuarteles.

GALLARDETE: bandera triangular, como distintivo de mando en las embarcaciones.

GARRUCHO: aro o anillo de madera o metálico que sirve para embargar las velas.

GAVIA: segunda vela del palo mayor, que va inmediatamente encima de esta.

GAZA: especie de ojo, anillo o lazo que se forma en un cabo doblándolo y uniéndolo con una costura o ligada.

GENOL: en la cuaderna, pieza que une lateralmente a la varenga con la primera ligazón.

GOBIERNO: manejo del timón, para dirigir la embarcación a un rumbo determinado o hacerlo evolucionar para ejecutar una maniobra.

GRATIL: extremidad de la vela, por donde se une y sujeta al palo, verga, o nervio correspondiente.

GUALDERA: cada uno de los tablones laterales, entre los cuales van los peldaños de las escalas.

GUARDÍN: cabo empleado para sujetar y manejar la caña del timón.

GUÍA: aparejo o cabo sencillo que se dirige o sostiene alguna cosa en la posición conveniente.

GUIÓN: parte del remo entre la caña y el puño.

HACHA: herramienta cortante, con cuchillo en forma de palo, usada por los carpinteros de ribera.

HIERRO DE CALAFATEAR: herramienta para calafatear las embarcaciones.

HORQUILLA: pieza con esta forma que soporta un mástil cuando es abatido sobre cubierta.

JARCIA: conjunto de aparejos y cabos de un barco.

JARCIA FIRME: constituida por los cabos que trabajan siempre fijos.

JARCIA DE LABOR: constituida por los cabos que trabajan en movimiento.

LIGAZÓN: cada uno de los maderos que se enlazan para componer las cuadernas.

MANGA: anchura de un barco.

MANGA DE FLOTACIÓN: anchura del barco medida en su línea de flotación.

MANIOBRABILIDAD: capacidad de una embarcación para realizar cambios de rumbo.

MASCARÓN: figura alegórica que remataba la roda de las embarcaciones.

MASTELERO: ver mástil.

MÁSTIL: palo, mastelero.

MAYOR: nombre que se da a la vela principal del palo mayor.

MECHA: en el mástil, rebaje del palo en su parte inferior para entrar en la carlinga. En el timón, eje que hace girar la pala.

MEDIA CUADERNA: ligazón que toca la quilla sin sobrepasarla.

MESANA: palo de popa en las embarcaciones de dos o tres palos.

MORTAJA: entalladura que sirve para alojar la lengüeta que une dos tracas.

MOTÓN: polea que sirve para cambiar de dirección los cabos.

NAVE: buque o barco; nombre genérico de las embarcaciones.

NAVEGABILIDAD: condición o calidad de navegable.

OBENQUE: cada uno de los cabos gruesos que sujetan la cabeza de un palo o de un mastelero a la mesa de la guarnición o a la cofa correspondiente.

OBRA MUERTA: parte del casco, comprendida entre la borda y la línea de flotación.

OBRA VIVA: parte sumergida del casco.

OJO (DEL ANCLA): agujero en la extremidad de un ancla, por donde pasa el arganeo.

OLLAO: cada uno de los agujeros que se hacen en la vela para pasar los cabos que la sujetan.

PANA: cada una de las tablas levadizas, que forman el plan o piso de la embarcación.

PANTOQUE: parte del forro o carena, que une la vertical de los costados con la horizontal del fondo del buque.

PENOL: punta o extremo de las vergas.

PERNO: clavo de hierro largo y de forma cilíndrica. Sirve para unir o afirmar diversas piezas.

PIE DE RODA: pieza que une la quilla con la roda, o extremo inferior de esta.

PIRAGUA: embarcación ligera, construida de una sola pieza en su obra viva, propulsada por medio de canaletes o vela.

PISTÓN: émbolo de una bomba de achique.

POPA: parte posterior de un barco.

PORTALÓN DE EMBARQUE: abertura, a modo de puerta, hecha en la amurada para el embarco y desembarco de personas y carga.

PROA: parte delantera de una embarcación.

PROPULSIÓN: acción de producir el traslado por el agua de una embarcación, venciendo la resistencia al avance, gracias al viento o a los remos.

PUENTE: lugar desde el que se gobierna un barco.

PUJAMEN: parte inferior de una vela, contada de puño a puño en las velas cuadras.

PUNTAL: postes verticales que sujetan los baos; altura media en el centro de la eslora, desde la quilla a la cubierta.

PUNTAL DE VARADA: maderos que en los diques o gradas sirven para aguantar derecho al barco que se encuentra en ellos.

PUÑO DE LA VELA: vértices inferiores de una vela.

PUÑO DEL REMO: parte cilíndrica, corta, de menor diámetro por la que se maneja el remo.

QUIJADA: cada uno de los lados entre los cuales median la cajera de un motón o las de un cuadernal.

Quilla: columna vertebral de la embarcación.

REGALA: tablón que cubre todas las maderas de las ligazones en su extremo superior y forma el borde de las embarcaciones.

RELINGA: cabo que se cose a las orillas de las velas para reforzarlas.

REMO: instrumento de madera terminado en forma de palo, para hacer avanzar las embarcaciones en el agua.

REMO TIMÓN: remo de gran tamaño utilizado para gobernar las embarcaciones.

REZÓN: ancla pequeña de cuatro uñas para embarcaciones menores.

RIZO: cabo pequeño que sirve para reducir la superficie de una vela.

RODA: pieza gruesa y curva que cierra la proa.

ROLDANA: rueda de madera o metal, sobre la que gira un cabo.

SALA DE GALIBOS: sala de un astillero destinada a trazar las plantillas en tamaño natural de las distintas piezas de un barco.

SEMIBAO: bao interrumpido por una escotilla que impide su continuidad de banda a banda.

SEMI CUADERNA: ver media cuaderna.

SENTINA: parte inferior del barco donde se depositan las aguas filtradas.

SIERRA DE DOS MANOS: herramienta utilizada por el carpintero de ribera.

SIERRA DE MANO: herramienta de corte utilizada por los carpinteros de ribera.

SOBRE CUADERNAS: sistema de construcción utilizado a partir de la Edad Media hasta nuestros días.

SOBRE FORRO: sistema de construcción documentado en las embarcaciones griegas y romanas.

SOBREQUILLA: pieza paralela a la quilla y situada sobre las cuadernas y que sirve para unirlas y reforzar el casco longitudinalmente.

SONDA: conjunto de escandallo y sondaleza empleado para hallar la profundidad del mar.

SONDALEZA: cuerda larga y delgada, con la cual y el escandallo se reconocen las brazas de agua que hay desde la superficie hasta el fondo.

SUPERESTRUCTURA: parte del barco, situada por encima de la cubierta, siempre que vayan de banda a banda.

TABLA: pieza de madera plana, más larga que ancha, poco gruesa y de caras paralelas.

TAJAMAR: pieza en la que terminan las últimas planchas de proa, situada en la roda.

TIMÓN: pieza utilizada para dar a la embarcación la dirección deseada.

TINGLADILLO: sistema de construcción consistente en colocar las tablas superpuestas unas a otras en sus bordes.

TOLETE: cabilla de metal o madera colocada en la regala de las embarcaciones de remos para que les sirva de apoyo.

TRACA: hilada de tablas en los forros y cubiertas del barco.

TRANCANIL: pieza que une las cabezas de las cuadernas y los baos a lo largo de la cubierta; primera hilada de tracas de la cubierta.

TRINCA: ligadura con que se amarra o sujeta alguna cosa.

TRINQUETE: palo más próximo a proa en las embarcaciones con más de uno.

UÑA: extremo o punta de cada uno de los brazos del ancla.

VARENGA: pieza curva que se pone de babor a estribor sobre la quilla para formar la cuaderna.

VELA: pieza de tejido u otro material que desplegada al viento, da a la embarcación el impulso necesario para navegar.

VELA CANGREJA: vela de forma trapezoidal.

VELA CUADRA: vela de forma cuadrada denominada también redonda.

VELA GUAIRA: vela triangular que se enverga solo al palo.

VELA LATINA: vela triangular que se enverga sobre una entena que se iza al tercio del palo.

VELA MÍSTICA: vela trapezoidal muy parecida a la latina.

VELAMEN: conjunto de velas de una embarcación.

VERGA: percha labrada convenientemente, a la cual se asegura el gratil de una vela.

Bibliografía

ALFARO PÉREZ, J., *Diccionario marítimo y de construcción naval. Inglés-español / español-inglés,* Barcelona, 1976.

AMICH, J., *Diccionario marítimo,* Barcelona, 1956.

ANSTED, A., *A dictionary of sea terms,* Glasgow, 1944.

BARBEROUSSE, M., *Dictionaire de la voile,* Bourges, 1969.

BARBUDO DUARTE, E., *Diccionario marítimo. Inglés-español / español-inglés,* Cádiz, 1964.

BASCH, L., «Le navire cousu de Bon Porté», *Cahiers d'Archeologie Subaquatique,* V, 1976, págs. 37-42.

–, *Le musée imaginaire de la marine antique,* Atenas, 1987.

BASS, G. F., y VAN DOORNICK, F. H., 1982: *Yassi Ada I, a seventh century byzantine shipwreck,* College Station.

–, *Bajo los siete mares,* Barcelona, 2006.

BLOT, J. Y., *Underwater archaeology,* Londres, 1996.

BONNEFOUX et Paris (1848): *Le dictionnaire de la marine à voile,* París, 1971.

BORREL, P. J., *Historia y rescate del galeón «Nuestra Señora de la Concepción»,* Santo Domingo, 1983.

–, *Arqueología submarina en la República Dominicana,* Santo Domingo, 1983.

BOSCH, F., *Diccionario náutico,* Buenos Aires, 1949.

BURGESS, F. H., *A dictionary of sailing,* Aylesbury, 1961.

BUSSY, CH., *Dictionnaire universel de marine,* París, 1862.

CANYAMERES, F., *Diccionari de marina,* Barcelona, 1983.

CARRAZE, F., «Mediterranean hull types compared 3. The JeauneGarde B wreck at Porquerolles (France)», I.J.N.A., 6.4, 1977, págs. 299-303.

CASSON, L., *Ships and seamanship in the ancient world,* Princeton, 1971.

CAZZAROLI, G., *Dictionnaire de la mer et la navigation,* París, 1973.

CEDILLO, P. M., *Vocabulario marítimo,* Sevilla, 1728.

CRESPO RODRÍGUEZ, R., *Vocabulario de construcción naval,* Madrid, 1979.

DAREMBERG, CH., y SAGLIO, M. E., *Dictionaire d'antiquités grecques et romaines,* París, 1904.

DEAR, I., y KEMP, P., *The pocket Oxford guide to sailing terms,* Oxford, 1987.

DÍAZ DE QUIJANO, J., *Diccionario enciclopédico de marina,* Madrid, 1897.

FOESTER LAURES, F., «Los Ullastres. Discovery of objects which may be a bilge pump in the wreck of the 1st. century A.D. ship», I.J.N.A., 8.2, 1979, págs. 172-174.

—, «Nuevos aspectos para las interpretaciones de las bombas de achique en las naves de época Imperial romana», VI Congreso internacional de arqueología submarina (Cartagena 1982), Madrid, 1985, págs. 331-336.

—, *Construcción naval antigua,* Barcelona, 1988.

GASSEND, J. M., y CUOMO, J. P., «Un acquis récent des recherches d'architecture navale: la 'construction alterneé' des navires antiques», VI Congreso internacional de arqueología submarina (Cartagena 1982), Madrid, 1982, págs. 343-350.

GASSEND, J. M., LIOU, B., y XIMENES, S., «L'épave 2 de l'anse des Laurons», *Archaeonautica,* 4, 1984, págs. 75-105.

GREENHILL, B., *The evolution of the wooden ship,* Londres, 1988.

HÖCKMANN, O., *La navigazione nel mondo antico,* Milán, 1988.

JAL, A., *Glossaire nautique. Repertoire polyglote de termes de marine anciens et modernes,* París, 1848.

JEZEGOU, M. P., «Éléments de construction sur couples observés sur une épave du Haut Moyen-Age découverte a Fos-sur-mer (Bouches-du-Rhone)», VI Congreso internacional de arqueología submarina (Cartagena 1982), Madrid, 1982.

LANDSTRÖM, B., *The royal warship Wasa,* Londres, 1988.

LEAL y LEAL, L., *Diccionario naval. Inglés-español / español-inglés,* Madrid, 1963.

LEÓN AMORES, C., «Construcción naval en madera. Arqueología y etnografía», *Revista de Arqueología,* 123, 1991, págs. 42-51.

LEÓN AMORES, C., y CABRERA BONET, P., «Las naves mercantes romanas», *Saguntum y el mar,* Valencia, 1991, págs. 19-25.

LEÓN AMORES, C., y FERNÁNDEZ GONZÁLEZ, F., «Aportaciones al estudio de la arquitectura naval antigua», *Serie Varia,* 2, 1993, págs. 71-81.

LIPKE, P.: «The royal ship of Cheops» B.A.R. INTER. SER, 225, 1984.

MARTÍNEZ HIDALGO, J. M., *Diccionario náutico,* Barcelona, 1977.

Martínez HIDALGO, J. M., y CARBONELL RELAT, L., *Vocabulari marítim. Catalá-castellá / castellano-catalán,* Barcelona, 1985.

MATHEWSON, R. D., *El tesoro del «Atocha»,* Barcelona, 1988.

MCGRAIL, S., *Ancient boats,* Haverfordwest, 1983.

MUCKELROY, K., *Maritime archaeology,* Cambridge, 1978.

NIETO PRIETO, J., *Introducción a la arqueología subacuática,* Barcelona, 1984.

—, *Excavacions arqueològiques subaquàtiques a Cala Culip,* vol. I, Gerona, 1989.

POMEY, P., *La navigation dans l'antiquité,* Aix en Provence, 1997.

POMEY P., y GIANFROTTA, P. A., *L' archéologie sous la mer,* París, 1981.

O'SCANLAN, T., *Diccionario marítimo español,* Madrid, 1974 (1.ª ed. 1831).

RIVAL, M., *La charpenterie navale romaine,* París, 1991.

RODRÍGUEZ BARRIENTOS, M., *Diccionario marítimo. Inglés-español / español-inglés,* Madrid, 1987.

STEFFY, J. R., «The reconstruction of the 11th century Serce Liman vessel», I.J.N.A., 11.1, 1982, págs. 13-34.

—, «The Kyrenia ship: An interim report on its hull construction», A.J.N.A., 89.1, 1985.

SUÁREZ, L., *Diccionario técnico marítimo,* Barcelona, 1988.

VV. AA., *La arqueología subacuática en España,* Madrid, 1988.

VV. AA., *La aventura del «Guadalupe» y su hundimiento en la bahía de Samaná.* Barcelona, 1997.

VV. AA., *El último viaje de la fragata Mercedes.* La razón contra el expolio. Un tesoro cultural recuperado. Madrid, 2014.

VV. AA., *Mazarrón II. Contexto, viabilidad y perspectivas del barco B-2 de la bahía de Mazarrón.* Mazarrón, 2017.

Fuentes de las ilustraciones

Fig. 1. Dibujo J. Rodríguez Iborra.

Fig. 2. Exposición permanente del Museo Nacional de Arqueología Subacuática (ARQUA). Foto: Carlos León.

Fig. 3: Exposición permanente del Museo Nacional de Arqueología Subacuática (ARQUA). Foto: Carlos León.

Fig. 4. Dibujo: P. Pomey, J.M. Gassend y M. Rival. Publicado en el libro *La Navigation dans l'Antiquité* (1997).

Fig. 5. Foto: José Latova.

Fig. 6. Dibujo: Carlos León.

Fig. 7. Dibujo: Carlos León.

Fig. 8. Exposición temporal del Archivo General de Indias de Sevilla «La Flota de Nueva España y la búsqueda del galeón *Nuestra Señora del Juncal*». Foto: Carlos León.

Fig. 9. Exposición temporal del Archivo General de Indias de Sevilla «La Flota de Nueva España y la búsqueda del galeón *Nuestra Señora del Juncal*». Modelista: Curro Mangas. Foto: Kiko Higueras.

Fig. 10. Museo de las Atarazanas Reales de Santo Domingo. Foto: Sergio León.

Fig. 11. Museo de las Atarazanas Reales de Santo Domingo. Foto: Sergio León.

Fig. 12. Biblioteca Nacional de España.

Fig. 13. Infografía: Javier Núñez.

Fig. 14. Museo de las Atarazanas Reales de Santo Domingo. Foto: Sergio León.

Fig. 15. Museo de las Atarazanas Reales de Santo Domingo. Foto: Carlos León.

Fig. 16. Museo Naval de Madrid.

Fig. 17. Exposición temporal «El último viaje de la fragata *Nuestra Señora de las Mercedes*», Museo Naval de Madrid. Foto: Carlos León.

Fig. 18. Foto: Pedro J. Borrell.

Fig. 19. Imagen para el documental «Huracán. La Flota de azogue de 1724». Foto: Iñigo Apestegui.